# LE SOLDAT,

## CHANTS ET RÉCITS

PAR

**M. Bathild BOUNIOL.**

—∞—

TROISIÈME ÉDITION,
revue et augmentée.

—∞—

PARIS.
AMBROISE BRAY, ÉDITEUR,
RUE DES SAINTS-PÈRES, 66.

1856.

# LE SOLDAT

## CHANTS ET RÉCITS

PAR

**M. Bathild BOUNIOL.**

Je tâche........

—∞—

TROISIÈME ÉDITION,
revue et augmentée.

—∞—

PARIS.

AMBROISE BRAY, ÉDITEUR,

RUE DES SAINTS-PÈRES, 66.

—

1856

# PRÉFACE

### DE LA TROISIÈME ÉDITION.

---

Une troisième édition du *Soldat* est devenue nécessaire. Nous en profitons pour quelques corrections de détail. Ce petit volume garde son caractère d'actualité, malgré quelques morceaux, *la Consigne*, *le Poltron*, qu'il ne nous a pas semblé utile de retrancher. On se rappellera en les lisant la date de leur première publication (1849-1850). Et maintenant, Dieu veuille continuer à bénir ce livre, humble témoignage de notre dévouement à la cause sainte et patriotique que nous avons tant de bonheur à glorifier !

# PRÉFACE

## DE LA SECONDE ÉDITION.

Ce petit livre a fait son chemin. L'auteur ne s'attribue pas le succès. Il en remercie surtout la Providence ; il en remercie ces dignes officiers, ces glorieux généraux dont la bienveillance a protégé son œuvre. A Dieu ne plaise qu'il vous oublie, vous tous, braves et excellents soldats, si joyeusement empressés de répondre à sa voix fraternelle. La sympathie de tant de nobles cœurs qui battent énergiquement aux mots de vertu, d'honneur et de patrie, est pour nous, en ce moment, la plus douce des récompenses.

## AUX SOLDATS.

J'ai fait pour vous ce court volume,
Et je l'ai fait avec bonheur,
Amis, je sentais que la plume
Était conduite par le cœur.

C'est ainsi que, pauvre poëte,
Poëte, hélas! si je le suis,
Je tâche de payer ma dette;
J'offre mon obole au pays.

Par vous nous reste l'espérance,
Mon livre est un remercîment;
Je le dis au nom de la France
Qui bénit votre dévoûment.

Heureux si je puis vous distraire
Par mes récits et mes chansons,
Plus heureux si la voix d'un frère
Vous fait aimer quelques leçons!

## LE CONSCRIT.

Ah! que j'eus la main malheureuse,
Tirer le numéro premier, |
Moi d'humeur si peu belliqueuse,
Qui dors si bien sous un pommier !
— Je conçois, mon fils, qu'il en coûte;
Mais obéis, car c'est la loi.
Embrassons-nous et puis en route !
Le pays aura soin de toi.

Afin d'éviter le voyage,
Je voudrais presque être boiteux ;
Pourquoi le docteur du village
M'a-t-il trouvé de si bons yeux ?
— Faveur, mon fils, eût été crime ;
Car tout lâche, en fraudant la loi,
Fait à sa place une victime :
Pars, la France aura soin de toi.

Va, mère, la bêche et la houe
Me plaisaient mieux que le fusil;

Je vous quitte et pars, je l'avoue,
Triste, comme on part pour l'exil.
— Pars, cher enfant, et du courage;
Il faut obéir à la loi.
Fais ton devoir, sois brave et sage;
Le bon ange aura soin de toi.

Adieu cousin, adieu sœur Lise,
J'étais si bien auprès de vous!
Et dire sans moi qu'à l'église
Ira la noce, ô chers époux!
— Vois les pleurs que tu fais répandre.....
Bon frère, obéis à la loi;
Mais pour nous tous garde un cœur tendre,
Et la Vierge aura soin de toi.

Hélas! quitter tout ce qu'on aime,
Tout ce qui pour nous est sacré,
Allez! c'est bien dur, tout de même,
C'est bien dur, Monsieur le curé.
— Pars, mon enfant, Dieu te bénisse!
Sans murmurer contre la loi
Fais de bon cœur ton sacrifice,
Et le ciel aura soin de toi.

## L'EXERCICE.

Ah ! que c'est rude l'exercice !
Le sergent est si dur parfois,
Outre la salle de police,
Nous donnant presque sur les doigts.

S'il faut le dire, il nous bouscule
En nous lâchant d'assez gros mots ;
Et nous traite, à part la férule,
Comme à l'école des marmots.

— C'est vrai parfois, il n'est pas tendre,
Quoique bonhomme, le sergent ;
Mais lui se plaint que, pour apprendre,
Le conscrit est peu diligent.

Souvent bien dure il a l'oreille,
Et l'on voit tel pauvre garçon
Plus étourdi qu'une corneille
Après la centième leçon.

Tout métier veut apprentissage.
Puis j'ai lu dans certain écrit :

*Patience,* est le mot du sage ;
Que ce soit le mot du conscrit !

## LA SALLE DE POLICE.

La salle de police,
Murmures-tu, tout bas,
Encor qu'on y vieillisse,
Ça ne compromet pas !

Non, ce n'est pas peut-être
Un mortel déshonneur,
Comme celui du traître
Ou celui du voleur.

Mais on est sur la route...,
Car hors du droit chemin
Le premier pas seul coûte ;
Et le diable est si fin !...

Dans sa fierté jalouse,
L'honneur, c'est, mon garçon,
La vertu de l'épouse
Que ternit un soupçon !...

## CORRESPONDANCE.

Mes chers parents, ma bonne mère,
Je suis content de ma santé,
Mais le métier ne me plaît guère,
A vous dire la vérité.
Je reste l'enfant du village,
Gardant vos conseils dans mon cœur;
Je veux à tout prix être sage;
Car la vertu, c'est le bonheur!

Il me faudra bien du mérite
Pour marcher dans le droit chemin;
Dût-on m'appeler hypocrite,
Je brave le respect humain.
C'est ici la grande misère,
De paraître sage on a peur;
Moi cependant je persévère,
Car la vertu, c'est le bonheur!

Je ne suis pas Sainte Nitouche,
Rondement je fais mon devoir,

En évitant cet air farouche,
Qu'à des scrupuleux on peut voir !...
Prudent au choix d'un camarade,
Je recherche les gens d'honneur
Et fuis quiconque se dégrade.....
Car la vertu, c'est le bonheur !

## Post-Scriptum.

On fait, dites-vous, la prière,
Tous les soirs, pour le pauvre absent ;
Merci, car loin de la chaumière
Le droit chemin est bien glissant.
Priez pour aider ma faiblesse,
Pour que, malgré le tentateur,
Je me plaise avec la sagesse,
Car la vertu, c'est le bonheur !

Priez, afin que je guérisse
D'un petit grain d'ambition
Et trouve moins dur l'exercice,
Plus courte aussi la faction.
Demandez pour moi la vaillance ;
Sûr talisman contre la peur,
La bonne et sainte conscience.....
Car la vertu, c'est le bonheur !

## LE MAL DU PAYS.

Eh ! lieutenant, comme des demoiselles,
Voulez-vous donc qu'on traite nos conscrits?
— Vois les petits que longtemps sous ses ailes
Aura couvés la poule ou la perdrix !...

— Mon officier, mes conscrits sont des hommes!
— Ou des enfants. — Mais non pas des moineaux !
De grands gaillards roulant comme des pommes
Les gros boulets rangés sur les créneaux !

— Les bras sont forts, mais les têtes légères ;
Les cœurs aussi ne sont pas faits de bois.
De nos conscrits combien quittaient leurs mères
Peut-être hier pour la première fois?

— Oui, je le sais, car ce fut mon histoire....
— Mais depuis lors tu t'es bien consolé ?
— Des vieux parents j'ai fidèle mémoire,
Mais le chagrin d'ailleurs s'est envolé.

—Or quelques-uns n'ont pas tant de courage,
Et, s'obstinant dans leur regret mortel,
Longtemps encore ont le cœur au village...
Sois donc pour eux, au besoin, paternel.

Pour les méchants, impassible et sévère,
Avec les bons, sois bienveillant et doux;
Donne l'exemple afin qu'on te révère,
Toi le premier sois le meilleur de tous.

## RÉCOMPENSE.

Sait-on quelle est la récompense
La plus douce au cœur généreux,
La plus douce après l'espérance
Qui déjà nous ouvre les cieux ?

La récompense la plus sûre,
Celle qui rend le front serein
Dans l'angoisse de la blessure
Ou sous le poids du noir chagrin ;

Celle qui dans notre âme abonde
Malgré l'injustice et l'oubli,
C'est la joie intime et profonde
Qui suit le devoir accompli !

## LA GUÉRITE.

Pauvre soldat, que l'on s'ennuie
Dans la guérite emprisonné,
Quand, par la neige ou par la pluie,
On n'ose au vent risquer son nez !

Aujourd'hui surtout, par la bise
Avec ce ciel couleur de plomb,
Roulé dans la capote grise,
Le temps doit te sembler bien long?

Pour toi vraiment je crains un rhume.
— Oui, je suis là comme au cachot;
L'ami, dans un bon lit de plume,
Je serais mieux pour avoir chaud.

A coup sûr la place est mauvaise,
Mais avant peu j'aurai mon tour,
Et pourrai griller à mon aise,
Le corps-de-garde est comme un four.

Je me résigne avec courage,
Je me résigne, sachant bien,
Qu'à se plaindre ou pester de rage,
Ou jurer, on ne gagne rien.

Je me résigne à la souffrance,
Comme au feu j'y suis préparé,
Trop heureux de servir la France,
Sûr que quelqu'un m'en saura gré.

Et je crois faire en homme sage.
J'ai peu le temps de m'ennuyer :
Les doux souvenirs du village
Viennent tour à tour m'égayer.

Je revois la pauvre chaumière
Où flamboyait un si bon feu,
D'où chaque soir notre prière
Comme un encens montait vers Dieu.

Je revois, dans sa vieille église,
Le curé qui fait tant de bien
Et qui m'a donné pour devise :
« Sois honnête homme et ne crains rien ! »

Je songe aux repas de famille,
Quand de si joyeuse façon
Dans la grange ou sous la charmille
On fêtait vendange et moisson.

S'il n'arrive point une guerre,
Je me dis qu'approche le jour
Où je vais embrasser ma mère;
Je pense au bonheur du retour.

## L'ENGAGEMENT.

Pense bien à la chose !
Oui, c'est un bel état !
Pourtant tout n'est pas rose
Au métier du soldat.
Mon cher, quand on s'engage,
Quand les grands mots sont dits,
C'est comme au mariage,
Malheur aux étourdis !

Je te dis : Confiance !
Si c'est par dévouement,
Pour l'amour de la France,
Signe l'engagement.
Si tu fais, brave et sage,
Ton plaisir du devoir,
Jeune héros, courage !
Courage et bon espoir !

Quand par un choix austère,
Ou par l'effet du sort,

On devient militaire,
Dans l'épreuve on est fort.
Mais gare au coup de tête
Que peut-être a dicté
Le vin, ce trouble-fête ;
Gare à la vanité !

Un bel habit nous tente
De loin, pauvres badauds,
Mais que vite il déchante
Quand on l'a sur le dos!
Nous dorant la pilule,
L'uniforme séduit,
Pendant la canicule
Dans son jus on y cuit.

L'exercice est peu drôle
Surtout pour les conscrits,
Qu'à se gratter l'épaule
Bien des fois j'ai surpris.
Si l'on quitte la crosse,
N'ayant point de valet,
C'est pour prendre la brosse
Ou le manche à balai.

On mange à la gamelle,
Pour les gens dégoûtés
Mode bien fraternelle;
Les morceaux sont comptés.
Toujours même ordinaire,
L'éternel pot-au-feu,
Car pour le militaire
La broche tourne peu!

On couche sur la dure,
Pavé, planche, cailloux;
Souvent sans couverture,
Ce qui n'est pas très-doux!
Oh! que longue est la route,
Quand sous les aquilons
On va, cassant la croûte,
L'estomac aux talons!

Un bon gîte on attrape,
On sent un doux fumet,
Il faut doubler l'étape,
Crotté comme un barbet;
Le lendemain on grille;
Dans de poudreux chemins

Le lourd fusil qui brille
Semble un tison aux mains.

La guerre est agréable ;
Mais on revient sans bras,
— C'est fort gênant à table, —
Même on ne revient pas.
On a rêvé la gloire
Et l'on fit maints exploits ;
Mais la nuit était noire,
Un autre aura la croix.

Fortune qui nous berne
Malgré le beau dicton,
N'a pas dans la giberne
Mis le fameux bâton.
Souvent au dernier grade
On reste candidat,
Car il faut, camarade,
Que quelqu'un soit soldat.

On retourne au village
Gros-Jean comme devant,
En se disant, plus sage :
Bah ! tout ça c'est du vent !

Chacun son lot sur terre ;
Et pas de sot métier,
Que l'on soit militaire,
Tailleur ou sabotier !

Moi, je reprends la pelle,
Prêt à courir au feu
Si le devoir m'appelle ;
En attendant, adieu !
Fou que l'orgueil dérange !
Je vais planter mes choux,
Et vienne la vendange,
Je boirai du vin doux.

# SIMPLE SOLDAT !

## Le Conscrit et le Vétéran.

— Simple soldat! quand donc aurai-je un grade?
Pas même encor sergent ou caporal !
Me verra-t-on comme tel camarade
Sous-officier, lieutenant, général?
— Rien que cela! pourquoi pas roi de France?
Non, c'est mesquin, je te fais empereur !
Pauvre garçon, jugeant sur l'apparence,
Quoi ! dans l'orgueil mettrais-tu le bonheur?

— On est si fier de porter l'épaulette,
Du petit nombre enfin de ces élus;
A l'officier, permise est la toilette,
Et de chacun il reçoit les saluts.
— A ces douceurs bien vite on s'accoutume;
Si l'on n'a pas d'abord la paix du cœur,
La vanité le remplit d'amertume.
Ah! dans l'orgueil ne mets point le bonheur!

—Mais, bon soldat, pour tenir ce langage...
— J'en ai le droit, car tu vois, déjà vieux,
Rester en bas m'a paru le plus sage ;
Je ne suis rien de peur d'être envieux.
L'ambition, si j'en crois mainte histoire,
Monte au cerveau non moins que la liqueur,
Et plus on boit, souvent plus on veut boire...
Va, dans l'orgueil ne mets point le bonheur !

— Mais faut-il donc subir une injustice,
Voir à sa place un autre candidat?
— Si noblement il fait son sacrifice,
Quel général vaut un pareil soldat?
L'homme de bien aisément s'en console,
Lui qui sent plus le fardeau que l'honneur ;
Une grande âme au seul devoir s'immole,
Et dans l'orgueil ne met point le bonheur !

— Oh ! le vaillant aussi songe à la gloire !
— La gloire, enfant, un mot sonore et creux !
Que de grands noms ignorés de l'histoire,
Et que l'on crut à tout jamais fameux !
Ne comptons pas trop sur la renommée,
Ombre légère et fantôme trompeur.

Puis, que de sang pour un peu de fumée !
Va, dans l'orgueil ne mets point le bonheur !

— Tant de vertu veut une âme héroïque.....
— Mais seul aussi le héros la comprend ;
Tu le montras, ô toi, guerrier stoïque,
La Tour d'Auvergne, ô toi si vraiment grand!
Cœur valeureux dont j'ai porté la cendre,
Monté bien haut et non par la faveur,
Au dernier rang tu te plus à descendre,
Et dans l'orgueil ne mis point le bonheur !

— La récompense est l'aiguillon du zèle.....
— Mais prends-y garde, au plus digne ici-bas
Peut échapper la couronne mortelle ;
L'autre du moins ne lui manquera pas.
Souvent la balle avant le grade arrive,
Ou le boulet coupe en deux un vainqueur.
Pauvre soldat, toujours sur le qui-vive,
Va, dans l'orgueil ne mets point le bonheur !

# LE DÉSERT!

Gueux de pays! ce soleil va nous cuire!
Par cet air chaud l'on se croit dans un four.
Mourant de soif, je me fonds comme cire,
Las de marcher dès la pointe du jour.
Jusqu'aux genoux enfonçant dans le sable,
Péniblement il faut traîner le pas,
Quand du fusil le poids seul nous accable.
— Courage, enfant, l'oasis est là-bas!

Là-bas, vois-tu, la verdure et l'ombrage!
De frais ruisseaux sur les gazons fleuris;
Ces fruits qu'en vain promettait le mirage,
La chair d'agneau mêlée avec le riz!
— En attendant nous faisons maigre chère;
Pour tout régal, triste gibier, des rats!
Encor la chasse est-elle rude à faire!
— Courage, enfant, l'oasis est là-bas!

Là-bas l'air pur qu'un doux zéphyr tempère,
L'air embaumé qui parfumait l'Éden,

Sitôt perdu par notre premier père;
La plaine à l'œil semble un vaste jardin.
— Mais, pour l'instant, partout un sol aride,
Le scorpion qui rampe sur nos pas,
Lorsque déjà souffle un vent homicide...
— Courage, enfant, l'oasis est là-bas!

— Ah! je comprends l'égoïste ou l'impie
En pareil cas s'il risque le grand saut!
— Un suicide!... attenter à sa vie,
Crime d'un lâche aussi bien que d'un sot.
Traître au pays comme à Dieu, double honte!
Sans repentir, faisant comme Judas,
Voudrais-tu bien t'en aller rendre compte?...
— Courage, enfant, l'oasis est là-bas!

Là-bas, enfin, le prix de la victoire
Pour tous les maux soufferts dans le chemin,
Ou le bonheur à défaut de la gloire,
De vieux amis qui vous serrent la main.
— Si l'ennemi pourtant ne nous arrête,
Si dans la nuit je ne m'égare pas,
Sûr qu'un Bédouin me va trancher la tête...
— Courage, enfant, l'oasis est là-bas!

Comme un conscrit, qui se laisse surprendre,
Complaisamment veux-tu livrer ton cou;
Et n'as-tu pas un bras pour te défendre?
Ce bon fusil serait-il un joujou?
Mais fallût-il, vaincu, rester derrière,
Jeune héros, qu'importe le trépas!
Le ciel te rit au bout de la carrière,
Si l'oasis ne t'attend point là-bas.

## LA SENTINELLE.

Prête l'oreille,
  Soldat, et veille !
Gare à qui s'endort !
Dormeur intrépide,
Le sommeil perfide,
Ici c'est la mort.
Le sommeil est doux,
Sentinelles, garde à vous !

Dans le silence,
  Oh ! vigilance !
Sous d'aussi beaux cieux
La nuit est sereine ;
Mais, vois dans la plaine
Luire de grands yeux !
Le sommeil est doux,
Sentinelles, garde à vous !

Tigre ou panthère,
  Lion solitaire,

C'est un ennemi ;
Peut-être un Arabe
Rampant comme un crabe
Vers l'homme endormi.
Le sommeil est doux,
Sentinelles, garde à vous !

  Bédouin, Kabyle,
  Au pas agile,
Accourent là-bas.
Leur main prompte et sûre
A chaque blessure
Donne le trépas.
Le sommeil est doux,
Sentinelles, garde à vous !

  Crains pour toi-même
  L'heure suprême.
Songe à nos conscrits,
Aux chefs sous la tente,
Par la mort sanglante
Après toi surpris.
Le sommeil est doux,
Sentinelles, garde à vous !

## LE BON SOLDAT.

Ne rougis pas d'entrer dans une église,
Jeune soldat qui sens parler ton cœur !
Peu soucieux qu'un fat s'en scandalise,
Ou de déplaire à ce mauvais rhéteur !
Le verre en main tel fait gloire du vice,
Et tu craindrais, toi, d'être homme de bien?
Jusqu'au scrupule exact à ton service,
Dis et bien haut : Soldat, je suis chrétien !

Oublîrais-tu ta sainte et tendre mère,
Dont une croix protége le tombeau ;
Ta jeune sœur, cet ange de la terre,
Par ses vertus l'exemple du hameau?
Peux-tu choisir jamais d'autres modèles,
Ne vouloir plus que leur Dieu soit le tien ?
Garde ta foi pour rester bon comme elles,
Fier, quand tu dis : Soldat, je suis chrétien !

Ris du pédant qui se croit philosophe,
Dont l'ignorance applaudit les bons mots ;

Ris du bouffon qui raille et t'apostrophe,
Tout glorieux de l'estime des sots !
A ce benêt qu'il faut mettre sous cloche,
Réponds, ami, confondant le païen :
Le chevalier sans peur et sans reproche,
Le preux Bayard disait : Je suis chrétien !

Quoi de plus beau qu'un soldat magnanime,
Au vrai courage unissant la vertu !
Humble et vaillant et sans chercher l'estime
Bénissant Dieu de s'être bien battu.
Prompt à l'assaut, la ville une fois prise,
Dans le butin il ne demande rien,
Hors qu'on épargne et la vierge et l'église,
Court aux vaincus et dit : Je suis chrétien !

J'aime à le voir, le soir de la bataille,
Quand, tout le jour, il fut aux premiers rangs,
Au front peut-être ayant plus d'une entaille,
Ne s'occuper que des pauvres mourants.
Il les console en pansant leurs blessures,
Et s'inclinant vers qui cherche un soutien,
Répète, ému par les plaintifs murmures :
Avec moi, frère, oh ! dis, je suis chrétien !

L'infortuné qui dans ses bras expire,
Semble douter s'il n'est pas Gabriel,
Lui souriant de son plus doux sourire,
Et venu là pour le conduire au ciel.
Au prisonnier regrettant la patrie,
Dont le langage est différent du sien,
Il montrera l'image de Marie,
Et son regard lui dit : Je suis chrétien !

Du fier soldat pour la sublime vierge
Tendre est l'amour, le cœur chaste est brûlant.
Il sait porter la bannière et le cierge
Du même bras qui tint le fer sanglant.
L'aumône encor lui sera familière ;
Pauvre, il nourrit et l'aveugle et son chien ;
Et partageant sa table hospitalière,
Lui ne ment pas s'il dit : Je suis chrétien !

Le plus souvent n'espérant pas la gloire,
Pas même sûr quelquefois d'un tombeau,
A son pays pour donner la victoire
Il meurt heureux à l'ombre du drapeau.
S'il faut pour tous s'offrir en holocauste,
Du dévoûment quand nul ne saurait rien,

Comme d'Assas, il succombe à son poste,
Au fond du cœur disant : Je suis chrétien !

Du préjugé subir la loi cruelle
Et de la mort se faisant comme un jeu,
Verser le sang pour sa propre querelle
Lui paraît crime envers l'État et Dieu.
Devant l'affront comme sous la mitraille
Inébranlable en son vaillant maintien,
A l'agresseur, fanfaron qui le raille,
Il sait répondre : Ami, je suis chrétien !

Sans redouter l'heure à tous inconnue,
Il garde purs et son cœur et ses mains,
Prêt à fêter comme la bienvenue
La mort terrible aux vulgaires humains.
Tel de nos jours, longtemps mis à l'épreuve,
On vit Drouot, le Bayard plébéien ;
Et ce héros dont Sainte-Hélène est veuve,
Disait aussi, mourant : Je suis chrétien !

## LE SOU PAR JOUR !

Un sou par jour, pour faire le jeune homme,
A dire vrai, c'est un petit denier !
Pas n'est besoin pour emporter la somme
D'un gros mulet avec sac ou panier.
Mais pour sa garde il ne faut pas d'escorte,
Et nous dormons sans craindre les filous,
Avec les clefs sur la caisse et la porte...
Il est des gens plus malheureux que nous !

Un maigre sou, c'est peu pour l'homme avide
Dont les désirs croissent avec l'argent !
Son coffre est plein, mais son cœur sec et vide !
Pour nous, amis, est-il pire indigent ?
Point de trésor qui vaille la sagesse,
Seule donnant un sommeil pur et doux !
Combien, sans elle, ont maudit la richesse !
Il est des gens plus malheureux que nous !

Avec la paie au soldat assurée,
On n'ira point, tenté par maints fumets,

Dîner sans doute à la Maison-Dorée;
Mais l'appétit, voilà le meilleur mets!
J'ai bonnes dents, l'estomac point malade,
Et dîne bien avec la soupe aux choux,
Quand plus d'un riche à sa table est maussade.
Il est des gens plus malheureux que nous!

Bah! la fortune! on rit à la cruelle
Dès qu'elle arrive avec un lourd cadeau;
Mais les soucis arrivent avec elle;
Pour la plupart richesse c'est fardeau.
Les bonnes gens sont gais dans la misère;
Dans la chambrée on rit comme des fous,
Quand triste on voit tel gros millionnaire....
Il est des gens plus malheureux que nous!

Certain vieillard nous disait au village,
Je m'en souviens : « Pauvres, bornez vos vœux;
Riches, des biens faites un noble usage,
Si vous voulez, mes enfants, être heureux! »
Il parlait d'or, l'ancien, mes camarades;
Plusieurs ici des chefs semblent jaloux!
Croyez-le bien, amis, dans tous les grades,
Il est des gens plus malheureux que nous!

## LES LIVRES.

Il faut qu'entre mille on choisisse
Un bon livre comme un ami;
Au gré de l'erreur et du vice
La presse, hélas! a tant gémi!

Tout n'est pas livre d'évangile,
Manne pour nous tombant des cieux;
Maint lâche écrit, par un beau style,
Abuse un lecteur curieux.

Combien de plumes sacriléges,
De vils auteurs, agents du mal,
A l'innocent tendent leurs piéges
Dans le volume ou le journal!

Il est parmi nous trop d'infâmes
Qui, pouvant être médecins,
Se font les meurtriers des âmes,
La pire espèce d'assassins!

armi tant d'écrits qui, dans l'ombre
Comme au grand jour, tentent la main,
Les mauvais sont le plus grand nombre :
L'ivraie étouffe le bon grain.

Malheur alors si, téméraire,
Sans conseil on prend au hasard ;
Gare à la dent de la vipère
Qui sous les fleurs rampe avec art !

Un bon livre au bien nous anime ;
Mais je sais tel livre maudit
Qui ferait, le poussant au crime,
Du plus honnête homme un bandit.

## LE GÉNÉRAL DE LA-HAUT.

D'un général illustre et l'honneur de la France,
Un drôle, méprisé de tout le régiment,
Ayant trop bu d'un coup, non pas de l'abondance,
Un soir, dans le quartier, parlait fort lestement.

Le guerrier glorieux et brave entre les braves,
Cher à tous comme un père et juste autant qu'humain,
Dont les plus vieux soldats parlaient en termes graves,
Inclinés et faisant le salut de la main ;

Le grand homme, en un mot, vit son nom magnanime
A l'injure accolé par le vil insulteur ;
Dans sa bouche pourtant ce langage était crime,
Alors qu'il diffamait, l'ingrat, son bienfaiteur.

Devait-il oublier, dans l'ivresse elle-même,
Qu'à genoux et bien pâle, il attendait le feu,
Quand soudain le héros, en cet instant suprême,
Pour lui sauver la vie, apparut comme un Dieu.

Chacun en l'écoutant s'indignait de l'outrage.
Plus d'un, l'œil enflammé, lui disait rudement
D'aller cuver ailleurs et son vin et sa rage,
Et l'appelait ingrat, ivrogne, garnement !

Même du chef aimé prompts à venger l'injure,
Plusieurs sur l'insolent voulaient porter la main,
Quand passe un capitaine, — un vieux de fière allure,
Que les éclats de voix ont attiré soudain.

Il entend, fait un signe, — et l'on vous prend mon homme,
Par quatre fusiliers conduit à la prison,
Et puni justement, quoi qu'il pût dire en somme,
Pour crime, ou peu s'en faut, de haute trahison.

Bravo ! dit le lecteur.

      — Or, celui qui blasphème,
Qui se croit bel esprit et souvent n'est qu'un sot,
Refusant son respect au commandant suprême,
A ce grand général que nous avons là-haut ;

Ce lâche n'est-il pas plus criminel encore,
Lui qui, stupide ingrat, par son rire indécent

Insulte au nom sacré que l'univers adore,
Et, chétif avorton, s'attaque au Tout-Puissant?

Quoi ! trouve-t-il si beau, dans ses gaîtés brutales,
De prendre un bienfaiteur, un père pour plastron,
Et, jaloux du cynique applaudi dans les halles,
De ponctuer sa phrase avec un gros juron ?

Oh! comment n'est-il pas écrasé sous le blâme,
Lui qui du nom sublime ose bien faire un jeu,
Et, détestable impie, en son langage infâme,
Sans crainte de la foudre, ose bafouer Dieu ?

## LE BOULET.

Le condamné s'était assis à l'ombre,
Malgré la faim, triste et ne mangeant pas ;
Autour de lui jetant un regard sombre,
Il murmurait en se croisant les bras :

Quoi ! tous les jours pareille lassitude !
A ce métier je laisserai mes os.
Le châtiment, quoique juste, est bien rude,
Surtout pour moi trop ami du repos.

Travail forcé quand on grille sur place !
Il faut souffrir du soleil en été,
Et dans l'hiver, c'est la neige ou la glace...
Mais, paresseux, mon sort est mérité.

Le vieux sergent, que je trouvais maussade,
Me disait bien, en me voyant bâiller,
Il me disait : Prends-garde, camarade,
L'ennui souvent est mauvais conseiller !

Pour l'homme oisif, ce n'est pas neuf à dire
Le temps qui vole a des ailes de plomb ;
En t'occupant à coudre, écrire ou lire,
Crois-moi, le jour te paraîtrait moins long.

Et mieux encore apprends un art utile,
Pour t'en servir plus tard à la maison,
Ou dans le tien songe à rester habile.....
Ah ! bon sergent, que vous aviez raison !

On pense à mal quand on ne sait que faire ;
On pense à mal, car l'ennui tarde peu.
Par les plaisirs quand il faut se distraire
Le tentateur contre nous a beau jeu.

L'oisiveté bientôt vide la bourse
Que n'enfle pas beaucoup l'argent du prêt ;
Pour la remplir on cherche une ressource....
Et, misérable, on traîne le boulet !

## LA POLITIQUE AU DIABLE!

C'est bien dit : au feu les journaux !
On fait pour eux trop de tapage;
Laissons disputer les badauds !
Le vieux sergent me paraît sage.
Chacun voulant avoir raison,
On se chamaille et l'on se pique,
Le cœur se gonfle de poison.
— Au diable, amis, la politique !

Pour la politique entre amis
Je vois à chaque instant des brouilles,
Et c'est toujours pour le pays,
Toujours la fable des grenouilles.
Jamais de bon gouvernement
Au gré du sot peuple aquatique !
Que gagnait-il au changement?
— Au diable, amis, la politique !

La France est un vrai Charenton;
On n'obéit qu'à la caserne;

Mille bergers pour un mouton
Qui veut qu'à sa mode on gouverne !
Pour ameuter les mécontents,
Voyez sur la place publique,
Voyez combien de charlatans !
— Au diable, amis, la politique !

Parmi tant d'avis différents,
On ne sait plus auquel entendre.
Parfois le sang coule à torrents,
Et tous les jours nouvelle esclandre !
Moins sûr de nos fiers bataillons
En qui revit l'honneur antique,
J'aurais peur de tous ces brouillons.
— Au diable, amis, la politique !

Pour manger sa part du gâteau,
Maint drôle arrive d'un pas leste,
Plus d'un, armé du grand couteau,
Caché sous l'habit ou la veste.
A la porte on a mis les rois,
Mais à quoi bon la République,
Nous dit-il, si l'on a des lois ?
— Au diable, amis, la politique !

Laissons se tirer les cheveux,
S'injurier en vile prose
Ou s'égratigner des morveux
Pour le bleu, le blanc ou le rose !
Mieux vaut avec des amis francs
Causer du foyer domestique,
Du village et des bons parents !
— Au diable, amis, la politique !

Mieux vaut un honnête almanach,
Fût-il même de l'autre année !
Mieux vaut avec du bon tabac
La pipe à la couleur tannée !
Voirc le jeu de dominos !
Et le loto bien pacifique !
Le jeu de l'oie ou des tonneaux !
— Au diable, amis, la politique !

Le jeu de cartes ne vaut rien ;
Il n'était pas permis à Rome.
Je le blâme en pays chrétien,
On y perd l'argent et le somme.
Pour la drogue, c'est mauvais ton.
Le jeu d'échecs beaucoup applique ;

Je trouve sot le mirliton.
— Au diable, amis, la politique !

Mieux vaut, s'il n'est point égrillard,
Rire devant polichinelle,
Ou suivre l'orgue nazillard
Qui nous chante sa ritournelle !
Mieux vaut pour passer un moment,
Montrer la danse ou la musique
Au caniche du régiment !
— Au diable, amis, la politique !

## LA ROUTE.

En avant, militaire,
Bon voyage au troupier,
La marche est salutaire,
Ça dégourdit le pied,
On n'y craint pas la goutte.
Mieux qu'en chemin de fer
Nous attrapons en route
Un appétit d'enfer :
 Doublez, soldats,
 Doublez le pas !

Parfois lourde est la crosse
Surtout pour les conscrits,
Mais faute de carrosse
On s'entr'aide entre amis.
Courage, le jeune homme,
L'étape n'est pas loin !
Et cette nuit quel somme,
Dans la paille ou le foin !

Doublez, soldats,
Doublez le pas!

Quelqu'un dans sa giberne
N'a-t-il pas un couplet?
Chanson vieille ou moderne,
Ça donne du mollet.
Mais que l'air soit honnête;
J'aime un refrain décent
Qui n'en est pas plus bête.
Vive un rire innocent!
Doublez, soldats,
Doublez le pas!

Mais il pleut! c'est maussade,
Bath! l'averse en chemin,
Avec la promenade,
C'est le plaisir du bain.
Pourtant de peur du rhume,
On va moins en canard;
Léger comme une plume,
File plus d'un traînard.
Doublez, soldats,
Doublez le pas!

Voici poindre la grange
Et le toit du fermier!
Respect à la vendange
Comme aux fruits du pommier!
Qu'on soit honnête et sage!
Tachons que l'habitant,
Gais oiseaux de passage,
Nous regrette en partant!
   Doublez, soldats,
   Doublez le pas!

## LA GARNISON.

Tromper une innocente fille,
Par le cœur prendre sa raison,
On dit à tort : c'est peccadille !
C'est passe-temps de garnison !

Qu'advint-il de Jenny la blonde,
Qui longtemps connut d'heureux jours ?
On l'entend seule et vagabonde
Raconter aux vents ses amours ;
Le désespoir la rendit folle.
Le séducteur disait à tort :
Chagrin d'amour bientôt s'envole !
Oh ! quel doit être son remord !

Rose, la perle du village,
Éprise, hélas ! pour son malheur,
D'un artilleur jeune et volage,
Ne sut pas garder son honneur.
Et Rose, aujourd'hui triste mère,
Pour nourrir un pauvre orphelin,

Dans l'angoisse et dans la misère,
Vit de sa honte ou tend la main.


Je me souviens encor d'Adèle,
Dont les regards étaient si francs;
Pour suivre un hussard peu fidèle,
Prompte à quitter ses vieux parents.
Hélas! bientôt de la chaumière
Sortait lentement un cercueil;
Et, deux mois plus tard, une bière
Attendait encor sur le seuil.


Faut-il oublier Virginie,
Qui voulut, criminelle enfant,
Échapper à l'ignominie,
Et qu'engloutit le flot béant.
Souvent je la revois en rêve,
Pâle de la pâleur des morts,
Souvent je revois sur la grève
Sa mère à genoux près du corps!


Pitié donc pour la jeune fille,
O bon soldat ayant un cœur!

Pitié pour sa pauvre famille,
Au nom de ta mère et ta sœur !
Songe à tous ceux que désespère
Le déshonneur d'un fol amour ;
Ah ! songe à la douleur d'un père,
Tu le seras peut-être un jour !

## LA GOUTTE DE POISON.

Un malheureux, qui sans doute était ivre,
Trouve un poison qu'il mettait sous la dent ;
Quelqu'un l'arrête. Es-tu si las de vivre ?
Prends garde à toi ! lui dit-on, imprudent !

— Quoi ! pour si peu ; seulement que j'y goûte,
Je suis tenté, vraiment, par la couleur.
— Pour te tuer il suffit d'une goutte !
L'autre en riant avale la liqueur.

Mais, comme atteint par un glaive, il chancelle
Et tombe ainsi que s'affaissent les morts.
Le mauvais livre est pour l'âme immortelle
Ce qu'un poison, lecteur, est pour le corps.

## LE PÉNITENCIER.

Pardonnez-moi, ma tendre mère,
Pardonnez-moi, mes bons parents,
Votre douleur doit être amère,
Vous souffrez bien, je le comprends;
Et par ma faute, misérable !
Mais croyez à mon repentir.
Dans la prison j'entrai coupable,
Honnête homme, j'en veux sortir !

D'abord, j'avais perdu courage
Et j'appelais tout haut la mort;
Mon malheur était mon ouvrage,
Et pourtant j'accusais le sort.
Une voix sainte et fraternelle
Par bonheur osa m'avertir;
Dans la prison j'entrai rebelle,
Honnête homme, j'en veux sortir !

Grâce aux conseils, à maint bon livre,
Je profite du châtiment.

Libre, auprès de vous j'irai vivre ;
Oh ! quel sera mon dévouement !
Il faut bien que je vous console !
Et pour ne point me démentir,
D'ici, j'en donne ma parole ;
Honnête homme, je veux sortir !

## LE MONSTRE.

— C'est un ange ! quels traits ! quelles grâces légères !
— C'est un monstre ! le fard nous cache sa laideur ;
Mais, le masque tombé, tu vois d'affreux ulcères,
Sans compter les poisons qui lui gonflent le cœur.

Pour leur malheur elle aime à trouver des complices,
Et torture à plaisir, modèle des bourreaux,
Leur âme avec leur corps par d'horribles supplices,
Puis les jette, râlants, aux gouffres infernaux.

— Son nom ? — Elle a souvent à sa suite les crimes,
L'impiété, la haine et le cruel remord.
— Son nom ? — L'enfer lui doit de combler ses abîmes.
— Mais son nom ? — La Débauche ; elle est sœur de la Mort !

## UN DUEL.

Amis, dit Pierre, allons, encore un verre,
Et puis je pars sans tarder plus longtemps;
Ma mère, hélas! qui n'a que moi sur terre,
J'en suis bien sûr, va compter les instants!
Veuve et déjà sentant le poids de l'âge,
Elle a besoin, pour vivre, de mes bras,
Et libre enfin, je retourne au village.
Ma pauvre mère, amis, m'attend là-bas!

Rêvant la gloire, en ma jeunesse folle,
Malgré ses pleurs, je me suis engagé;
Mais aujourd'hui qu'il faut qu'on la console,
J'ai dû, bon fils, demander mon congé.
Le colonel me disait bien : Écoute,
Simple sergent tu ne resteras pas!
J'ai cependant pris ma feuille de route.
Ma pauvre mère, amis, m'attend là-bas!

Allons, adieu, voyez, le jour s'avance,
Il est bien temps de se mettre en chemin.
Un dernier toast : Au bonheur de la France!
Et puis à tous je vous serre la main.

— Non, dit quelqu'un, encore une bouteille
Le camarade allongera le pas.
Et Pierre en vain lui murmure à l'oreille :
Ma pauvre mère, ami, m'attend là-bas!

Le vin tiré, pourtant il faut le boire ;
Le voyageur, qui craint pour son cerveau
Et veut garder un reste de mémoire,
A son vin pur ose mêler de l'eau.
— Comment de l'eau! s'écrie un camarade
Qui prend le verre et le met en éclats.
Pierre lui dit, riant de l'algarade :
Ma pauvre mère, ami, m'attend là-bas!

Garçon, de l'eau! j'ai besoin de ma tête,
Ne voulant point coucher dans un fossé.
— Garçon, du vin! l'eau n'est pas de la fête,
Répond l'ami qui paraît offensé.
Le vin d'ailleurs lui troublait la cervelle,
Ou la chaleur après un long repas.
Pierre en vain dit, pour finir la querelle :
Ma pauvre mère, ami, m'attend là-bas!

— Elle attendra! dit l'autre à qui l'ivresse
Et la colère ont ôté la raison.

Le mot du fils a blessé la tendresse;
Soufflet donné! grand bruit dans la maison!
Le préjugé, barbare, inexorable,
Veut qu'on se batte et qu'on n'hésite pas.
— Marchons, dit Pierre, en se levant de table,
Ma pauvre mère, amis, m'attend là-bas!

Dans le jardin, à l'ombre d'une vigne,
Se sont rendus témoins et combattants,
Et l'habit bas, vite on se met en ligne;
Les fers bientôt se croisent hésitants.
Au premier sang, a-t-on dit, c'est l'usage!
Car entre amis on ne s'égorge pas.
Pierre murmure : ayez l'œil au bagage;
Ma pauvre mère, amis, m'attend là-bas!

Duel maudit! préjugé détestable!
Crime du ciel justement abhorré!
Au premier sang! et le fer implacable
Jusqu'à la garde est tout d'abord entré.
Atteint au cœur, Pierre soudain expire...
A ses amis qui lui tendent les bras,
Les yeux éteints, à peine s'il peut dire :
Ma pauvre mère, amis, m'attend là-bas!

## L'EXÉCUTION.

Partons, amis, car l'heure sonne
Et vos adieux brisent mon cœur;
Ce que l'on sème on le moissonne,
Le vin a causé mon malheur.
J'aimais trop à remplir mon verre;
Le vin un jour me rendit fou;
J'eus alors la main trop légère;
Et je m'en vais vous savez où!

Sans crainte, enfants, chargez les armes,
Et n'ayez pas tant de douleur;
Et que les yeux trop plein de larmes
N'empêchent point qu'on vise au cœur.
Hélas! c'est bien triste besogne!
Si le vin tentait l'un de vous,
Conscrits, songez au pauvre ivrogne
Que vous allez voir à genoux!

Retenez bien notre *Fidèle*
Qui tant de fois mangea mon pain,

Et des vrais amis le modèle,
Veut encor me lécher la main.
Il ne faut pas être égoïste ;
Si quelque balle en s'égarant
L'atteignait, on serait plus triste ;
Moi, je pleure en m'en séparant.

Monsieur l'abbé, moins de faiblesse ;
Allez, j'ai mérité mon sort !
Frapper le sergent dans l'ivresse,
C'était avoir doublement tort.
Il me fallait, jadis plus sage,
Suivre vos conseils pour mon bien.
Ne craignez point, j'ai du courage ;
Grâce à vous je meurs en chrétien.

Mon sang rachètera l'offense ;
J'espère, sans être martyr,
Que le bon Dieu, dans sa clémence,
Me saura gré du repentir.
Lui seul peut consoler ma mère
Qui n'a pas reçu mes adieux,
Et dont une main étrangère
Maintenant fermera les yeux.

## LE SUICIDE.

### Court dialogue.

Quoi, lieutenant, vous dites que c'est bête,
Qu'un suicide est l'acte d'un benêt,
Qu'il faut manquer ou de cœur ou de tête,
Faisant ainsi sauter crâne et bonnet?

— Tu tiens le jour du ciel et de ta mère,
Et tu pourrais mépriser le cadeau?
— Mais quand enfin extrême est la misère,
Et que trop lourd nous semble le fardeau?

— Je te réponds par un mot : Patience !
Un grand malheur te met au désespoir,
Mais on est fort avec la conscience !
Et puis attends seulement jusqu'au soir !

Point de douleurs ici-bas éternelles!
Si la fortune a le vol bien léger,

Comme elle aussi le chagrin a des ailes,
Prompt à venir, mais prompt à déloger.

— Je crois du moins, vaincu par la souffrance,
Qu'il est permis, devançant le trépas.....
— N'espère point alors la récompense
Jusqu'à la fin, si tu ne combats pas.

— La chose donc vous semble criminelle?
N'est-on pas maître, après tout, de sa peau?
— Malgré les chefs, sans ordre, sentinelle,
Quitterais-tu ton poste et ton drapeau?

— Mais dans sa chute, hélas! irréparable,
Si l'on rougit devant tous d'un grand tort?
— Le repentir est toujours honorable;
Un lâche orgueil seul nous pousse à la mort.

—Faudra-t-il donc, malheureux, que j'affronte?..
— C'est expier sa faute noblement.
Puis, insensé! tu prétends fuir la honte
Et cours chercher l'éternel châtiment!

## LA CONSIGNE.

Camarade, eh ! je suis un frère !
En esclave à des chefs soumis,
Crains-tu si fort de leur déplaire ?
Je t'invite au nom des amis.
Allons, planté-là ta guérite,
Et si le bon vin te sourit....
— Ce langage est d'un hypocrite ;
File, file ou gare au conscrit !

Bah ! moque-toi de la consigne ;
Viens rire et chanter avec nous ;
Pour fêter le jus de la vigne,
Tu trouveras de joyeux fous.
— Trahir l'honneur pour les bouteilles !
Le vin t'aura troublé l'esprit ;
C'est un crime que tu conseilles...
File, file ou gare au conscrit !

Mon cher, tu me prends pour un autre...
— Non pas, non pas, maître sournois,

Tu fais en vain le bon apôtre,
Le renard change aussi de voix.
Ce que nous valent ces tendresses,
Un passé sanglant nous l'apprit,
Pour m'étouffer tu me caresses;
File, file ou gare au conscrit!

— C'est bien à tort que l'on m'accuse.
— Passe alors tout droit ton chemin;
A l'imprudent que l'on abuse,
Sûr de son cœur, je tends la main!
Mais au perfide qui m'outrage,
Et par discours ou par écrit,
Ose bien tenter mon courage,
Je dis : File ou gare au conscrit !

— Ne vois-tu pas mainte lacune
Dans ce misérable univers?
— Et tu voudrais dans ta rancune
D'abord tout y mettre à l'envers?
Le progrès ne vient qu'à son heure;
Et maintenant le peuple rit
De chimères qui sont un leurre.
File, file ou gare au conscrit!

Permets au moins que je t'explique
Le plan du monde mis à neuf.
— Oh! merci de ta politique,
J'avalerais plutôt un bœuf.
Je sais par cœur ces balivernes
Qu'on enjolive en maint écrit;
Ça ne mord pas dans les casernes.
File, file ou gare au conscrit!

Entends-tu là-bas ce tapage?
C'est le signal du grand festin.
Tant pis pour toi, si l'on partage,
Tu n'auras rien dans le butin!
— Ah! tu te fais pourtant connaître,
Brigand, voilà le fin mot dit!
Je ne suis pas voleur ni traître...
File, file ou gare au conscrit!

## LE DEVOIR AVANT TOUT.

J'ai tapé dur, mon camarade,
C'est vrai ; je ne suis pas manchot,
Et, devant une barricade,
J'ai le sang vif et le cœur chaud.
Mais fallait-il te laisser faire,
Quand tu lâchas le premier coup,
Trahir le pays pour te plaire ?
Soldat, mon devoir avant tout !

Entre nous, de tel misérable
Tu te fais vite l'instrument,
Et tu cours, tenté par le diable,
A ton fusil trop lestement.
Quand tu tirais sur moi, ton frère,
Comme on eût tiré sur un loup,
J'aurais été sot de me taire !
Soldat, mon devoir avant tout !

Tu m'as blessé ! mais sans rancune,
De bon cœur je te tends la main ;

Et, te voyant dans l'infortune,
Je te dis : Partage mon pain!
A l'avenir crains ces batailles
Où le sang se perd dans l'égout ;
Trop tristes sont ces funérailles!
Et puis, le devoir avant tout !

Oui, désormais que l'on se range!
N'écoute plus des étourneaux!
Parfois si la main te démange,
Va brûler ta poudre aux moineaux!
Ou mieux, attends une autre guerre
Et sois prompt à crier : Debout!
S'il faut courir à la frontière.
Ami, le devoir avant tout!

Ah! l'on t'avait monté la tête
Avec du vin et des journaux ;
Mais au fond ton cœur est honnête,
Ne donne plus dans ces panneaux!
La révolte est toujours un crime,
Bien coupable qui s'y résout,
Poussant tout un peuple à l'abîme!...
Ami, le devoir avant tout!

## LA MORT DU CHEVAL.

Toi, d'allure si fière,
Toi, mon pauvre cheval,
Couché sur la poussière,
O mon noble animal !

Tes pieds avaient des ailes ;
Plus prompt que les oiseaux
Tu suivais les gazelles
Qu'effleuraient tes naseaux.

Mais, hélas ! à cette heure,
Pour toujours endormi !
Ah ! certes, je te pleure ;
Car on pleure un ami.

## UN SOUVENIR DE L'HOTEL-DIEU.

**A la mémoire de L..... B......**

Faire sitôt le grand voyage,
Frappé par un soudain trépas!
C'est cruel sans doute, à mon âge,
Et pourtant je ne me plains pas!
Je meurs pour la plus noble cause;
Mais puisqu'il faut ne pas guérir,
Je n'aurais voulu qu'une chose :
Mère, t'embrasser et mourir!

Je puis du moins me reconnaître,
Conseillé par les bonnes sœurs,
Et béni par l'excellent prêtre.
Dirai-je aussi mille douceurs!
Un docteur qui nous soigne en frère,
Mais dont la main fait bien souffrir :
La tienne eût été plus légère,
Mère, t'embrasser et mourir!

De beaux rideaux de toile blanche,
Et maints concerts pour agrément !
De l'oiseau perché sur la branche
On entend le gazouillement.
De mon lit je vois à l'aurore
Les roses de mai s'entr'ouvrir ;
Mais un seul désir me dévore :
Mère. t'embrasser et mourir !

De tendres soins, tisane exquise,
Du biscuit à défaut de pain,
Sans compter mainte friandise
Qu'un ami glisse dans la main !
Mais la visite fraternelle
De tous ceux que l'on peut chérir,
Rend une absence plus cruelle....
Mère, t'embrasser et mourir !

J'avais, dit-on, bonne espérance,
Des premiers porté pour la croix;
Douce eût été la récompense,
Même avec la jambe de bois !
Je ne demandais pas du reste
A me relever pour courir :

Ma prière était plus modeste :
Mère, t'embrasser et mourir !

On me promet un beau service,
Si je subis la grande loi ;
L'aumônier dira tout l'office,
Et j'aurai foule à mon convoi.
Même on fera de la musique,
Ne craignant pas de m'étourdir ;
J'aurais préféré, fils unique,
Mère, t'embrasser et mourir !

Je puis compter sur une bière
Faite à ma taille et proprement :
J'aurai, bien sûr, la croix de pierre
Et le gazon vert et charmant
Où le laurier, fidèle emblème,
Et l'immortelle vont fleurir.
Ce n'est pas là mon vœu suprême :
Mère, t'embrasser et mourir !

Comme il parlait, une main blanche
Et tremblante ouvre le rideau ;

Une femme vers lui se penche
Le front non couvert du bandeau.
Ma mère! a-t-il crié, ma mère!
Le ciel, heureux de s'attendrir,
A donc entendu ma prière :
Mère, t'embrasser et mourir!

## LE GÉNÉRAL ET LE CONSCRIT.

Va! dans tes yeux tu me laisses trop lire!
Dit l'officier qui tristement sourit.
Le général, penses-tu, voulait rire;
Quoi! regretter de n'être plus conscrit!
Soldat, pour moi tu crois que tout est rose,
Et commander, cela te paraît beau;
Mais les devoirs sont-ils si peu de chose?
Ah! les honneurs sont un pesant fardeau!

Tu vois briller mon splendide uniforme,
Les yeux béants tu regardes mes croix!
Mais es-tu sûr que mieux que toi je dorme,
Bien que mon lit soit moins dur quelquefois?
La nuit souvent tu dors quand moi je veille;
Ma main peut-être a tiré le rideau,
Les yeux fermés, je prête encor l'oreille.
Ah! les honneurs sont un pesant fardeau!

Dans les périls ma tâche est la plus rude,
Et toujours calme il faut dissimuler,

Sourire encor malgré l'inquiétude.
Que de motifs cependant pour trembler!
La moindre faute, hélas! irréparable,
Affront sanglant pour l'honneur du drapeau,
Peut entraîner un désastre effroyable!
Ah! les honneurs sont un pesant fardeau!

Sans égarer jamais la récompense,
Il faut savoir, d'une équitable main,
Vers le plus digne incliner la balance,
En punissant rester toujours humain.
Il faut savoir étouffer la colère
Qui sur les yeux met un fatal bandeau;
Puis être juge avec le cœur d'un père!...
Ah! les honneurs sont un pesant fardeau!

Je dois à tous le conseil et l'exemple,
Car pour agir sur moi tous ont les yeux;
Et ce regard qui de près me contemple
Est quelquefois celui de l'envieux.
Faible ou méchant, moi-même je conspire
A ma ruine ou deviens un fléau;
Le mauvais maître aura serviteur pire.
Ah! les honneurs sont un pesant fardeau!

Pour mes soldats, visible providence,
Veiller sur eux est devoir incessant.
Que de remords si par une imprudence
Je fais à tort couler leur noble sang !
Plus que du mien il en faut être avare ;
Honte sur qui, fratricide et bourreau,
N'écouterait que son orgueil barbare !
Ah ! les honneurs sont un pesant fardeau !

Si le soldat dans la victoire abuse ;
Si je sais mal contenir le pervers,
C'est moi surtout que l'infortune accuse ;
Moi que l'on blâme aussi dans les revers.
Là-haut enfin que de comptes à rendre,
Si le boulet qui met tout de niveau,
Mort, tout à coup, sur le sol vient m'étendre..
Ah ! les honneurs sont un pesant fardeau !

## A LA FRONTIÈRE!

Allons, debout! ô frères, qu'on se lève,
A la frontière empressés de courir!
Jusqu'aux enfants que tous s'arment du glaive,
C'est maintenant qu'il faut vaincre ou mourir!
Ils ont rêvé de conquérir la France;
Mais notre Dieu ne le permettra pas;
Le ciel se rit de leur vaine espérance!
Il reste encor du fer et des soldats!

Allons, debout! sauvons le territoire;
S'il faut descendre avant l'âge au tombeau,
Bénis du ciel, mourons dans la victoire,
En nous faisant un linceul du drapeau.

Les ennemis, hélas! sont à nos portes;
La terreur marche avec leurs bataillons.
Comme un torrent qui passe, leurs cohortes
En désert vaste ont changé les sillons.
Ah! maintenant lâcheté serait crime!
Qui d'entre nous veut un maître étranger?

Il faut combattre en soldat magnanime
Pour être libre et non pour se venger.


Allons, debout! au cœur patriotique
Que peut couvrir la pourpre ou le bâillon,
Et tout brûlant d'une fièvre héroïque,
La douleur mâle est un fort aiguillon.
Quand le sang coule et qu'on voit tout en flammes,
Quel honnête homme est lent à s'éveiller?
Honte à qui peut rester avec les femmes!
Honte à qui dort le front sur l'oreiller!


Honte à celui dont le bras est valide
Et qui pourtant ne court pas au fusil,
Qui ne sait pas, nonchalant ou timide,
Donnant l'exemple, affronter le péril!
Honte à celui dont le sabre se rouille,
En de tels jours resté dans le fourreau!
A celui-là donnez une quenouille,
Femmes, cédez l'aiguille et le fuseau!


Allons, debout! pour ne pas être esclaves,
Pour conserver, avec l'aide des cieux,

Le sol payé du sang de tant de braves,
Et ce beau nom légué par nos aïeux!
Allons, debout! ô vaillants prolétaires,
Pour conserver l'honneur plus cher que l'or!
Riches, sauvez avec vos belles terres
La liberté, notre commun trésor!

Faut-il livrer lâchement nos églises,
Abandonner nos femmes et nos sœurs,
Qu'emporteraient, loin des villes conquises,
Comme un butin, les sanglants ravisseurs?
Dieu tout-puissant, dont ce soleil est l'ombre,
Pour la justice avec nous tu combats!
Que la vertu supplée au petit nombre!
Fais des héros de nos moindres soldats!

## LA REDOUTE.

Cette redoute est imprenable
En dépit de tous nos efforts ;
Voyez quel carnage effroyable,
Voyez que de sang et de morts !
— Il faut pourtant qu'elle succombe,
Il faut que le plateau soit pris,
Pour tous dût-il être une tombe !
Car la victoire est à ce prix !

Cette redoute nous dévore ;
Hélas ! que de corps palpitants !
— Ah ! comme toi je le déplore,
Car mes soldats sont mes enfants.
Le sol est rouge et l'air nous brûle ;
J'entends de lamentables cris ;
Mais se peut-il que l'on recule,
Quand la victoire est à ce prix ?

Allons, mes fils, à l'arme blanche,
Dût pas un ne rester vivant !

Vous demandiez une revanche,
A la baïonnette, en avant!
Et le vieillard, dans la fumée,
Fait voir bientôt ses cheveux gris.
Sur nous, dit-il, compte l'armée,
Et la victoire est à ce prix!

Qu'importe au soldat magnanime
Qui dit tout bas : la France et Dieu!
Qu'importe de tomber victime!
La redoute a triplé son feu;
De ses flancs sort comme une lave
Jonchant le sol d'affreux débris.
En avant, redit le vieux brave,
Car la victoire est à ce prix!

Sur eux en vain la foudre tonne;
On escalade le plateau;
Le vieillard, dont le front rayonne,
Lui-même y plante le drapeau.
Mais son sang coule en abondance;
La mort est proche, il l'a compris;
Calme, il bénit la providence;
Car la victoire est à ce prix!

## TE DEUM.

Assez, amis, pas de sang inutile,
Et remettons notre glaive au fourreau ;
Frapper encor serait lâcheté vile,
Et se montrer moins soldat que bourreau.
Puis à genoux sur le champ de bataille,
Car c'est Dieu seul qui nous a rendus forts ;
Nous qu'épargna le glaive ou la mitraille,
A genoux tous, et prions pour les morts !

Bénissons Dieu qui nous donne la gloire,
Et dans la joie attendons le sommeil :
On dort si bien après une victoire,
Sûrs pour longtemps d'un paisible réveil !

Les ennemis nous apportaient des chaînes,
Et dans nos mains ils laissent leurs drapeaux,
Armes, bagage et canons par centaines ;
Leurs prisonniers se comptent par troupeaux.
Hélas ! aussi, nous voyons pêle-mêle
Bien des blessés que l'on entend gémir ;

Tendons à tous une main fraternelle !
Qui donc voudrait avant eux s'endormir ?


Notre victoire est loyale et complète,
Notre drapeau sans tache et glorieux;
Loin de rêver une injuste conquête,
Nous défendions le sol de nos aïeux.
Ah ! je comprends cet élan magnanime
Et ces transports qui font bondir vos cœurs !
J'ai partagé cette ivresse sublime,
Jusqu'au délire exaltant les vainqueurs !


Des pleurs aussi roulent sous ma paupière,
De mon pays je vois finir le deuil,
Et, grâce à nous, la France est libre et fière ;
On n'aurait plus à craindre que l'orgueil.
Ne tentons pas, amis, la providence,
Et du triomphe ayons peur d'abuser ;
Sûrs maintenant de notre indépendance,
Donnons la paix, pouvant la refuser !


Il sera doux de revoir nos familles.
Entendez-vous ces joyeuses chansons !

Nos laboureurs ont repris leurs faucilles,
Eux qui tremblaient pour leurs chères moissons.
La jeune mère, au milieu de sa veille,
Ne laisse plus échapper le fuseau,
Et, souriant à l'enfant qui sommeille,
File, paisible, à côté du berceau.

Aussi pour nous, au retour, que de fêtes !
Tous à l'envi nous nommant leurs sauveurs,
Vont accourir, et partout sur nos têtes
Faire pleuvoir les couronnes de fleurs.
Oh ! regardez ce bon peuple en délire,
Dont le flot monte inondant les chemins !
Combien d'amis, heureux de nous sourire,
Pleurent de joie en nous tendant les mains !

Puis, quel bonheur ! rentrant à la chaumière,
A chaque pas de s'entendre bénir,
Et d'embrasser ceux qu'on laissa naguère,
Bien triste, hélas ! doutant de revenir !
On pleure encor, mais quelles douces larmes !
Les vieux parents en sont à bégayer,
A leurs amis, fiers de montrer ces armes,
Trophée auguste et l'honneur du foyer.

Au ciel d'azur nous cherchons les nuages.
De nos revers qui se souvient encor ?
A voir partout de rayonnants visages,
On se croirait aux temps de l'âge d'or.
La gaîté rit au sein de l'abondance,
Qu'on goûte mieux après le deuil passé ;
Et ces beaux jours que fête en paix la France
Ils sont le prix de notre sang versé.

## LES DEUX MOURANTS.

Je crois, voisin, que notre affaire est sûre,
Dit le jeune homme au blessé gémissant;
Comment guérir, quand par mainte blessure
A si grands flots a coulé notre sang !
Je vois nos corps criblés de coups de lance,
Et dans ses yeux en lisant notre arrêt,
Du bon major j'ai compris le silence...
Je crois, l'ancien, qu'il faut se tenir prêt !

Sans doute, à ceux qu'on aime et qu'on révère,
C'eût été doux de faire ses adieux,
De leur sourire à notre heure dernière,
Pressant la main qui fermera nos yeux.
Mourir, hélas ! si loin de son village,
Mes bons parents pour vous quelle douleur !
A tous, mon Dieu, donnez-nous du courage;
De nous revoir dans un monde meilleur !

Je n'ai pas fait, je crois pouvoir le dire,
Beaucoup de mal et j'ai fait quelque bien,

Aux camps, malgré les propos et le rire,
Tâchant de vivre en honnête chrétien.
Me souvenant des conseils de ma mère,
Au triste jour où je lui dis adieu,
Pour l'indigent j'avais le cœur d'un frère ;
Soir et matin, je pensais au bon Dieu.

Aussi toujours pour le vice et la fraude,
Le ciel aidant, je n'eus que du mépris.
— N'allais-tu point parfois à la maraude ?
— Mais c'est le vol ; je n'ai jamais rien pris.
— Tu prenais bien ta part dans le pillage ?
— Jamais ! — Ta part de l'or et des écus ?
— Non, je pleurais, regrettant le village,
Et je donnais mon obole aux vaincus.

Oh ! mais alors à quoi bon la victoire ?
Comment gratis s'exposer au danger ?
— Pour le pays, son bonheur et sa gloire...
— N'avais-tu point plaisir à te venger ?
— Moi, j'eus toujours l'horreur des représailles ;
Sur leurs excès que de fois je gémis !
Hors aux grands jours, sur les champs de batailles,
Il n'était pas à mes yeux d'ennemis.

Et maintenant quand je meurs pour la France,
Offrant ma vie avec mon repentir,
J'ose espérer du ciel ma récompense,
Quand il faudra je suis prêt à partir.
— Moi, reprit l'autre, ayant fait le contraire,
Lâche toujours quand j'étais le plus fort,
Lâche à ce point d'insulter à ma mère,
Je reste lâche en face de la mort !

— On se repent ! — Oui, d'une peccadille ;
Mais qui vécut en impie, en païen,
L'horreur de tous, l'effroi de sa famille,
Son tour venu, doit mourir comme un chien !
Il ajouta dans un accès de rage :
— Me repentir ! tu ne me connais pas ;
Tiens, cependant, il faut que je soulage
Ce cœur glacé par la peur du trépas.

Par des forfaits on ne débute guère ;
Je commençai par être libertin.
Las du travail, je me fis militaire,
Bien que poltron, pour l'amour du butin.
Combien de fois, dans une ville prise,
Lent au combat, mais vaillant criminel,

Le glaive en main, entré dans une église,
J'ai profané les vases de l'autel !

— Ah ! se peut-il ? — En pays catholiques,
Écoute encor, moins soldat que brigand,
J'ai dérobé l'or d'augustes reliques,
Avec dédain, jetant le reste au vent.
— Crimes affreux ! mais le Seigneur pardonne
Au cœur brisé... — J'ai maint Christ balafré ;
J'ai mis la main sur la sainte Madone !
— Horreur ! — Souillé son étendard sacré !

— Et tu dormais après un pareil crime ?
— Oh ! pas toujours ou bien mal quelquefois ;
Au fond du cœur grondait la voix intime,
Mais à la fin je fis taire la voix.
Je laisse à part la faute plus légère,
Le vin, le jeu, les femmes ! J'ai laissé
Souvent, ingrat, la honte et l'adultère
Dans le logis ouvert pour le blessé !

— Malheur ! malheur ! — Ce n'est rien, en Espagne
Je fus toujours des premiers à piller,
Et l'on me vit, en courant la campagne,
Cruellement le moine fusiller !

Et je riais; mais la nuit était sombre,
En certains lieux quand il fallait passer,
Pâle d'horreur, il me semblait dans l'ombre
Voir tout à coup des spectres se dresser.

Et cependant, dit-il à voix plus basse,
Écoute encor !—Mon Dieu !—Ce n'est pas tout !
Peut-être même il faudra que j'en passe,
Tu ne pourrais m'entendre jusqu'au bout.
Ce ne sont point les derniers de mes crimes,
Ce ne sont pas mes crimes les plus grands ;
Je torturai d'innocentes victimes
Pour arracher un peu d'or aux parents !

J'en immolai plus d'une à ma luxure !...
— Assez, assez, murmure avec terreur
L'autre mourant dont l'âme était si pure ;
Oh ! je comprends ainsi que l'on ait peur !
— Oh ! oui, j'ai peur, misérable, et je souffre !
Et dans l'angoisse, en face du trépas,
En me sentant suspendu sur le gouffre !...
— Non, malheureux, ne désespère pas !

Ton crime est grand, plus grande est la clémence !
Avec le ciel tu peux mourir en paix,

Si, le cœur plein d'une douleur immense,
Ton repentir est égal aux forfaits.
L'autre reprit : — Guérit-on de la peste ?
Il est trop tard pour devenir dévot,
Et je n'ai plus qu'à jouir de mon reste ;
Mais c'est bien dur, j'avais fait mon magot !

— Si tu voulais, même à l'heure suprême...
— Je ne veux pas ! rugit plus sourdement
Le vieux bandit ; puis avec un blasphème :
A toi la palme, à moi le châtiment !
Sous moi déjà c'est comme un lit de braise !
La terre brûle... Enfer ! oh ! je maudis !...
Là, sous mes yeux, quelle horrible fournaise !
Ah ! misérable, au lieu du paradis !

A l'aide, à moi, je meurs... et dans la fièvre,
Pleurant d'angoisse et riant par moments,
Tordant ses bras, et l'écume à la lèvre,
Il expirait avec des hurlements.
Auprès de lui trop attendri peut-être,
Tout frissonnant après de tels adieux,
Le bon jeune homme écoutait un saint prêtre,
Et s'endormait en regardant les cieux.

## LA DÉROUTE.

Il murmurait, le bon vieil invalide
Dont l'uniforme est paré de la croix,
Et dont le front paternel se déride
Quand avec lui je m'entretiens parfois;
Il murmurait : C'est une étrange histoire,
Un souvenir de ces temps douloureux
Où tant de deuil se mêle à tant de gloire,
Et dont on parle en s'essuyant les yeux !

Mais avant tout, il me faut te le dire,
Au régiment se trouvait avec moi
Un nommé *Juste* (aujourd'hui je l'admire,
Je l'abhorrais alors, Dieu sait pourquoi!).
Franc honnête homme et brave entre les braves,
Donnant l'exemple aux camps comme à l'assaut,
Fort noblement à mes propos peu graves
Il répondait comme aurait fait Drouot.

Calme en dépit de ma parole amère,
Sans adoucir le jeune homme irrité,

Il me tenait le langage d'un père ;
Ma haine crut avec sa charité ;
Même à ce point qu'un soir dans la chambrée
J'osai, brutal, de colère étouffant,
Le provoquer ! D'une voix assurée,
Lui me répond : Le ciel me le défend !

Nouvelle et lâche insulte, je l'avoue ;
Ma main voulait attenter à sa croix
Quand il sortit la pâleur sur la joue,
Ne disant mot, mais souffrant bien, je crois.
Il n'eut pas l'air de me garder rancune ;
Puis un hasard nous sépara bientôt ;
Vinrent pour tous les jours de l'infortune...
Et le vieillard retenait un sanglot.

Je t'ai conté bien des fois la retraite ;
Je t'ai redit nos poignantes douleurs ;
A chaque pas durant la longue traite,
Des maux plus grands, d'effroyables malheurs !
Ces hommes forts, conquérants de royaumes,
Ces vieux soldats, naguère si vaillants,
Et qu'on eût pris pour autant de fantômes,
Faibles, courbés, incertains, vacillants !

Je t'ai redit ces visages livides,
Souvent choqués par l'aile des corbeaux ;
Puis, en chemin, tant de spectres avides,
D'immondes chairs disputant les lambeaux !
Comme on marchait dans la neige et la glace,
Par le vent froid et sous un ciel blafard,
Souvent pieds nus, promenant dans l'espace,
Toujours plus morne, un lugubre regard !

Et puis toujours, pour indiquer la route,
Des hommes morts et d'autres expirant,
Sur les débris de l'immense déroute
A chaque pas des orphelins pleurant !
J'avais ma part de l'immense infortune !
Pâle de faim et plus pâle de froid,
Près d'un bivac, certain soir, à la brune,
J'arrive enfin (je ne sais plus l'endroit).

Un brasier triste et donnant un feu sombre,
Entretenu par le bois des maisons,
Aux malheureux, hélas ! en trop grand nombre,
Offrait l'appât de ses rares tisons.
On était là pressés l'un contre l'autre,
Sans dire mot, avec un œil hagard,

Au mal d'autrui moins senti que le nôtre,
Bien peu donnant un fraternel regard.

L'un rajustait un débris de chaussure
Que lui fournit l'écorce du bouleau ;
L'autre essayait de panser sa blessure,
D'un haillon vil se faisant un bandeau.
Tel dont la faim torturait les entrailles
Mordait la neige à défaut d'aliment ;
Lui, si stoïque au milieu des batailles,
Disant : J'ai faim ! pleurait comme un enfant.

Plusieurs dormaient, peut-être un dernier somme !
Au premier rang, le menton dans ses mains,
Un spectre assis, je n'ose dire un homme,
Sur les charbons fixait des yeux éteints.
L'excès du froid lui gonflait le visage ;
L'œil vacillait dans son orbite creux ;
La barbe longue à son profil sauvage,
Rousse, donnait un cachet plus affreux.

J'approche alors, demandant qu'on s'efface ;
Le cercle étroit refusait de s'ouvrir.

Un seul, assis à la dernière place,
Se retourna; je me sentais mourir.
Lui, me voyant, fit un cri de surprise,
Et s'empressa de me tendre la main.
Je murmurais : La fatigue me brise!
Je n'en puis plus du froid et de la faim!

Et Juste, alors : Prends ma place bien vite
Auprès du feu, prends aussi mon manteau!
Ce peu de pain! la part est trop petite;
Mais que veux-tu? c'est le dernier morceau!
Prends cette gourde où, je crois, du vin reste!...
Grâce à ses soins, bientôt me trouvant mieux,
Je pus parler, et d'un passé funeste
Je l'entretins des larmes dans les yeux.

Il m'interrompt : Laissons là ces misères!
Le ciel aidant, je fus maître de moi,
Non pas sans peine!... A présent soyons frères,
Frères de cœur ou plutôt par la foi!
Oh! qu'avec elle on se sent du courage!
Et tout joyeux, il me serrait la main.
Nous reprendrons ensemble le voyage;
Mon bras pourra t'être utile en chemin.

La nuit passa : le jour vint sans aurore...
Dans le manteau quoique j'eusse dormi,
Pour le départ j'étais bien faible encore ;
Je pus marcher aidé de mon ami.
Plus dévoué n'eût pas été mon frère,
Qu'il fut alors et plus tendre et meilleur !
Il me grondait, mais d'un ton peu sévère,
Et souriant, et doucement railleur,

Il me disait : Veux-tu sans sépulture,
Loin du pays où furent nos berceaux,
Ami, veux-tu laisser, maigre pâture,
Ton pauvre corps à ces tristes oiseaux ?
Qu'il sera doux de revoir notre France,
Son beau soleil, ses moissons et ses champs !
De retrouver, après tant de souffrance,
Tous ceux qu'on aime et leurs soins si touchants ?

Puis, s'il jugeait mon pas assez solide,
Il me quittait aussitôt pour offrir
Son bras robuste à quelque autre invalide,
Ou consoler ceux qu'on voyait mourir ;
Souvent creuser un tombeau dans la neige.
Mais j'étais sûr qu'attentif à mes pas,

Veillant de loin sur l'ami qu'il protége,
A me rejoindre il ne tarderait pas.


Pourtant, hélas! je me traînais à peine
En chancelant, s'il fallait marcher seul.
Un soir, tous deux, égarés dans la plaine
Se déroulant comme un vaste linceul,
Nous avancions, incertains de la route,
Quand tout à coup nous entendons des voix.
Juste me dit : Quel est ce bruit? écoute!..
Et de la main il indiquait un bois.


Nous en voyons sortir, comme d'un antre,
Deux cavaliers ou plutôt deux démons,
A leurs chevaux faisant presque du ventre
Toucher le sol qui tremblait sous leurs bonds.
Ils accouraient avec un cri sauvage,
L'air menaçant, farouches et hideux :
—Fuis, dis-je, fuis!—Juste répond: Courage!
J'ai mon fusil, c'est assez pour les deux!


—Vers ce taillis, fuis, te dis-je et me laisse,
Seul tu pourras... —Plutôt cent fois mourir!

6

T'abandonner!— Ami, vois ma faiblesse!
Sans me sauver, tu risques de périr!
Il souriait en armant la détente.
L'un des bandits arrivait au galop,
La lance au poing.—Ah! ta barbe me tente!...
Juste a lâché son coup et son bon mot.

Le cavalier roule comme une masse...
Son camarade accourt pour le venger,
Ne laissant pas à Juste qui s'efface,
En me couvrant, le temps de recharger.
La baïonnette est là pour la défense;
Juste avec elle attend notre ennemi,
Qu'il frappe au cœur; mais atteint par la lance,
Lui-même tombe au cri de son ami.

A lui je cours, dans mes bras je le serre,
En murmurant à travers les sanglots :
Mon pauvre ami, mon bon Juste, mon frère !...
Lui, regardant son sang qui coule à flots :
Eh bien! dit-il, la blessure est mortelle,
Ce que Dieu veut il nous faut le vouloir;
Se séparer serait chose cruelle,
Sans l'espérance un jour de se revoir!

Il ajouta : J'oubliais quelque chose ;
Prends cette croix qu'on pourrait profaner !
Et sur ton cœur, ami, qu'elle repose ;
Seul souvenir que j'aie à te donner !
Elle ornera quelque jour ta poitrine.
Et maintenant il faut se dire adieu.
Un mot encor et que ton cœur devine :
Sois bon chrétien, voilà mon dernier vœu !

C'était fini, je n'avais plus de frère.
Longtemps, hélas ! je pleurai sur le corps ;
Et, regardant plus d'une fois derrière,
Je m'éloignai presque avec un remords.
Mon pauvre ami n'eut pas de sépulture ;
Mais son image est toujours dans mon cœur,
Et sous la croix saigne encor la blessure ;
Puis j'ai tâché de devenir meilleur.

## RETOUR AU VILLAGE.

Mes bons parents, mon pauvre père,
Ah! tenez, je ne suis plus las!
Vous vous portez tous bien, j'espère,
Mère, appuyez-vous sur mon bras!
— Cher fils, que je t'embrasse encore,
De ne plus te voir j'avais peur!
— Mais des yeux chacun me dévore...
Ah! j'ai toujours le même cœur!

Mère, entre nous, que je vous gronde!
Venir si loin, et d'un tel pas?
— N'irais-tu pas au bout du monde
Pour moi? répond-elle tout bas.
— Bien sûr, allez, si mon visage
Là-bas a changé de couleur,
J'ai gardé les mœurs du village,
Et j'ai toujours le même cœur!

Aussi j'eus bien de la misère
En arrivant au régiment;

Quittant la paix de la chaumière,
Je trouvais dur le changement.
Puis j'étais jeune et si novice,
Et j'en voyais tant par malheur
Être pris à l'appât du vice!....
Mais j'ai toujours le même cœur!

Pour que ma langue fût discrète,
Craignant le transport au cerveau,
Au bon vin quand je faisais fête,
Je mêlais toujours un peu d'eau.
Et je fuyais comme la peste,
Moi qui d'un bédouin n'ai pas peur,
La demoiselle au propos leste;
Et j'ai toujours le même cœur!

Bien qu'au front cette cicatrice
Eût bien pu me valoir la croix,
Ne soupçonnez pas d'injustice
Et qu'on m'ait fait des passe-droits;
Tel a reçu la récompense
Qui fut et plus brave et meilleur.
Je dois bénir la providence,
Car j'ai toujours le même cœur!

6.

Cher bon curé, sous la houlette
La brebis revient au bercail ;
Je n'ai point, malgré l'épaulette,
Perdu l'amour du saint travail.
Ne craignez pas pour le village,
Pierre n'est point un enjôleur,
Je ne songe qu'au mariage,
Car j'ai toujours le même cœur !

Peu soucieux de ce qu'on dise,
Je suis toujours franc du collier ;
Vous me verrez dans votre église,
Dont je veux être marguillier.
Avec mes fils, si Dieu m'en donne,
Vous aurez des enfants de chœur,
Auxquels sourira la Madone.
Car j'ai toujours le même cœur !

# ÉPISODES.

## AU CAPITAINE \*\*\*\*.

Capitaine, c'est vous qui m'avez conseillé;
Grâce à vous, sûr enfin du but, j'ai travaillé;
Le premier souriant à mon œuvre naissante,
Vous avez applaudi d'une voix caressante,
Encouragé la muse à se mettre en chemin,
Et promis, s'il fallait, de lui tendre la main,
Que dis-je? de payer jusqu'aux frais du voyage!
Si votre nom n'est point écrit sur cette page
(J'eus peur d'être indiscret), ce nom, cher à l'honneur,
Ce nom, profondément, est gravé dans mon cœur!

## LE PÉKIN.

Je suis Pékin, la chose est sûre,
Jugeant trop rude le métier ;
Assez douillet de ma nature,
J'aurais été mauvais troupier.
Mais si je préfère la plume,
Le briquet ne me fait pas peur ;
Et sous ce vulgaire costume
Je sens aussi que bat un cœur.
 Mes amis, au Pékin
 On peut tendre la main !

Tentant me paraît l'uniforme,
Mais j'ai l'horreur des lourds fardeaux ;
Le poids du fusil est énorme,
Du sac j'ai d'abord plein le dos.
Quand il faut coucher sur la dure,
C'est pas ma faute, assurément,
Si j'attrape une courbature ;
Excusez le tempérament !

Et plaignant le Pékin,
Qu'on lui tende la main !

Puis, dit une langue maligne,
Étourdi comme un hanneton,
J'aurais oublié la consigne,
Moi qui parfois cherche mon nom !
Mais si vous courez à la gloire,
Mes chants d'abord vous sont promis,
Et du cœur j'aurai la mémoire
Pour vous tous, mes vaillants amis !
    Franchement au Pékin
    On peut tendre la main !

Il est vrai, je ne puis le taire,
Moi qui vous fais leçon, conscrits,
Je n'ai point le goût militaire,
Natif et bourgeois de Paris.
Mais comme vous j'aime la France,
Si dans l'état je ne suis rien ;
Comme vous riche.... d'espérance,
J'ai mon fourniment pour tout bien !
    Mes amis, au Pékin
    On peut tendre la main !

## LE PLONGEON.

Vâ, mousse, à charge de revanche !
C'est assez de remercîments !
Amis, une chemise blanche
Vaudrait mieux que des compliments.
Je ne veux pas gagner de rhume ;
Pour qui n'est pas un esturgeon
L'eau paraît froide sous la brume....
Fît-on de bon cœur le plongeon !

Je risquais fort, je le confesse,
J'avais vu là-bas un requin,
Et quoique peu chargé de graisse,
Je pouvais tenter le coquin.
Mais disant un mot de prière
En invoquant mon saint patron,
J'ai fait, la tête la première,
J'ai fait de bon cœur le plongeon !

La mer aussi, folle et grondeuse,
Hurlait à l'entour du vaisseau,

Mais d'humeur trop souvent fâcheuse,
 Je pouvais bien risquer ma peau.
J'avais hier sanglé le mousse ;
Puis je nage comme un goujon,
Vous dirait un marin d'eau douce :
J'ai fait de bon cœur le plongeon !

Il valait mieux, peut-être, attendre,
Avez-vous dit, vieux matelot,
Au dur poignet, mais au cœur tendre,
Que l'on eût mis la barque à flot !
Et puis sauter du mât de hune !
— Mais l'enfant murmurait mon nom,
Et j'aurais sauté de la lune ;
J'ai fait de bon cœur le plongeon !

D'ailleurs, mes amis, pour tout dire,
Il s'agissait d'un pauvre enfant ;
Son bon ange doit me sourire,
Pensais-je en sauvant l'innocent.
Je faillis à la Basse-Terre
Me noyer pour un négrillon ;
Mais aux cris de la pauvre mère
Je fis de bon cœur le plongeon !

## LES DEUX CROIX.

Mon général, gardez la récompense !
Ah ! du cadeau je suis reconnaissant.
Mais, voyez-vous, le ciel vous en dispense,
La vie, hélas ! s'échappe avec mon sang.
La croix d'honneur, certes, je la révère,
Mais pour mourir chrétien et rassuré,
Mieux vaut la croix que me donna ma mère,
La sainte croix que bénit mon curé !

Trop lâchement, amis, je le confesse,
Je la cachais, il est vrai, sur mon cœur ;
Mais aujourd'hui, regrettant ma faiblesse,
J'en suis plus fier que de la croix d'honneur.
Me verrait-on sans elle du courage,
Heureux d'avoir, faute du pain sacré,
Pour viatique, en ce dernier voyage,
La sainte croix que bénit mon curé !

Je le comprends, à cette heure suprême,
Moi, trop jaloux des galons du sergent,

La croix, un grade et l'épaulette même
Pour le soldat n'est pas le plus urgent.
Il faut pour lui, toujours sur le qui-vive,
Être honnête homme avant d'être honoré;
Et rien ne vaut, quand le grand jour arrive,
La sainte croix que bénit le curé !

C'est dur pourtant sur la terre étrangère
De mourir, même à l'ombre du drapeau,
Sans prêtre, hélas ! et si loin de ma mère
Qui ne pourra prier sur mon tombeau !
Mais puisqu'il faut, sans revoir ceux que j'aime,
Dans le désert que je sois enterré,
Laissez, amis, sur mon cœur cet emblème,
La sainte croix que bénit mon curé !

## LE BON GENDARME.

On rit du gendarme,
Non pas les filous,
Sans lui quel vacarme!
Alors, gare à nous!
Grâce à lui qui veille,
Effroi des méchants,
En paix on sommeille,
Quand il court les champs.

Qu'il tonne ou qu'il grêle,
Soit pluie ou grand vent,
Son devoir l'appelle,
Il part à l'instant;
Sans crainte du nombre,
Fouillant tout guêpier;
Rien qu'à voir son ombre
Fuit certain gibier.

L'homme à la sacoche
Qui courez si fort,

Ayez dans la poche
Un bon passeport;
Ou gare au passage,
L'argus, qui, soudain,
Croit qu'on déménage
Le bien du prochain!

Point dur, ni servile,
Il fait son devoir;
Sa mine est civile
Quand il vient nous voir :
Fît-il sa visite
De jour ou de nuit,
Pourvu qu'on évite
L'air fier et le bruit.

A qui n'est pas sage
Il fait les gros yeux,
Voire met en cage
L'oiseau trop joyeux;
Et sur la licence
Tire les verroux :
Mais pour l'innocence
Son regard est doux.

## LA CROIX D'HONNEUR DE LA SŒUR!

Ah! bonne sœur, il faut que je vous gronde!
Ainsi que nous vous êtes chevalier,
Et vous taisez la chose à tout le monde,
Pour vos amis procédé cavalier.
A dire vrai je vous croyais plus franche;
Mais nul de nous n'y sera pris deux fois;
Et prenez garde, on aura sa revanche!
Ah! bonne sœur, montrez-nous votre croix!

Loyalement est-il permis de feindre?
Et j'ai grand peur que ce ne soit pécher!
Notre Empereur aurait droit de se plaindre,
S'il le savait, pourrait bien se fâcher.
Quoi! de sa main lui-même vous décore
De ce bijou qu'ont envié les rois;
Et dans la boîte il est peut-être encore!....
Ah! bonne sœur, montrez-nous votre croix!

Au gré de tous, l'étoile du courage
Noblement couvre un cœur compatissant.

En la gagnant sur le champ de carnage
Ces nobles mains n'ont point versé le sang.
Vos vieux amis, attendris jusqu'aux larmes,
Qui vous ont vue en périlleux endroits,
Seront si fiers de vous porter les armes !
Ah ! bonne sœur, montrez-nous votre croix !

Vous m'avez dit de craindre le scrupule;
Mais du conseil profitez-vous si peu?
Car ce joyau devant tel incrédule
Doit plus qu'à vous faire honneur au bon Dieu.
Moi, relevé par vous sous la mitraille,
Pâle et sanglant, relevé par deux fois,
Je porte bien votre sainte médaille.
Ah ! bonne sœur, montrez-nous votre croix !

## POLTRON.

Eh! l'ami, pourquoi, bouche close,
Se tenir là comme un sournois?
Si l'on est deux c'est pour qu'on cause;
Comme toi je suis un bourgeois
Vendant le sucre et la canelle.
— Monsieur, si je ne souffle mot,
C'est que j'ai froid, bien sûr, je gèle.
— Comment en juin! moi j'ai trop chaud.

— Mais d'ailleurs je n'ai rien à dire!
— Serais-tu, mon cher, un poltron?
Tu n'as pas l'air, je crois, de rire,
Ton visage est couleur citron.
— Écoutez donc, mon camarade,
Entre nous, chacun son métier;
Malgré l'uniforme et le grade,
Par état je suis bonnetier.

— Eh bien! confrère, le négoce
Empêche-t-il d'avoir du cœur?

Je vais au feu comme à la noce,
Et je m'étonne qu'on ait peur.
— Moi, ça me donne la colique.
Je mentirais en disant : non !
Je préfère une autre musique
A la musique du canon.

— Pour le salut de notre France
Se dévouer est glorieux;
Braver la mort et la souffrance
Même est devoir impérieux.
— Mon ami, c'est bien dit sans doute,
Mais je crains un brusque départ,
Oubliant ma feuille de route,
De mettre mon âme au hasard.

— C'est vrai ! parfois la mort est prompte !
Le boulet tue impoliment !
Mais le bon Dieu vous en tient compte,
Tient compte aussi du dévoûment.
Et puis d'ailleurs un homme sage,
A mon avis, aurait grand tort
S'il n'est toujours prêt au voyage,
En règle ayant son passe-port.

## UN HARDI MATELOT.

Matelot, je t'admire,
Saturé de boisson,
L'équipage en délire
Fait tonner la chanson;
Toi seul est resté sage.
Mais gare aussi ce soir,
Contre toi quel tapage!
Les gros mots vont pleuvoir.
Je sais que la tempête
Ne te fait pas grand' peur;
Toujours froide est ta tête,
Toujours calme est ton cœur.
Tu parais dans l'orage
Le front haut, l'œil serein,
Quand l'océan fait rage
Comme un coursier sans frein.
Dans la lutte sanglante,
Au travers des mourants,
Sur la planche brûlante
Tu cours aux premiers rangs.

Le canon sans relâche
Gronde avec des éclairs;
Implacable, la hache
S'enfonce dans les chairs.
A tes côtés, en foule,
Tombent marins, soldats;
Ton sang même à flots coule,
Et tu ne trembles pas;
On t'a vu l'air plus grave
Peut-être au coin du feu.
Ne crains-tu rien, mon brave?
— Moi, je ne crains que Dieu!

## L'INVALIDE.

N'avoir qu'un bras, pauvre invalide!
Disais-je en ôtant mon chapeau.
— Quoi! me répond cet intrépide,
Fallait-il lâcher mon drapeau?

## AUX SOLDATS D'ITALIE.

Héros, le monde vous admire,
Et je vous admire avec lui ;
La France à ses fils peut sourire,
Si fière de vous aujourd'hui.
Combien de Bayards anonymes,
Intrépides dans les combats,
Dans la victoire magnanimes :
Gloire à vous tous, chefs et soldats !

Héros, le monde vous contemple
Comme il contemplait vos aïeux,
Invincibles à leur exemple,
Humains autant que valeureux !
En foulant ce saint territoire
Au butin vous ne courez pas ;
C'est assez pour vous de la gloire ;
Honneur à vous, chefs et soldats !

Vous contenez ce fier courage
Impatient de tout retard,

Afin d'épargner un outrage
Aux trésors, merveilles de l'art.
Le nom de Michel-Ange arrête
Ceux que la mort n'arrête pas ;
Soyez bénis par le poëte :
Gloire à vous tous, chefs et soldats !

Soyez bénis du catholique,
Vous qui du Pontife romain
Avez compris l'âme angélique,
Vous qu'a bénis sa noble main !
S'il eut des larmes à répandre,
Vous le consolez des ingrats,
Vous, si vaillants pour le défendre :
Honneur à vous, chefs et soldats !

Quel étonnement pour la terre !
Du sol qui tremble sous les rois,
Où dort la cendre de Voltaire,
Sortent les vengeurs de la croix.
Vous attestez à qui l'ignore,
Qu'en dépit de ses apostats,
La patrie est chrétienne encore :
Gloire à vous tous, chefs et soldats !

Ah! ne craignons plus pour la France!
Le sang de tel vaillant martyr
Pèse aujourd'hui dans la balance;
Qui peut douter de l'avenir?
Déjà, plus sourd, l'orage gronde,
L'horizon, éclairci là-bas,
Promet enfin la paix au monde:
Honneur à vous, chefs et soldats!

## PRÊTRE ET SOLDAT.

Prêtre et soldat, ça ne va pas ensemble !
Dit un causeur qui croit dire un bon mot;
Je ne vois rien chez eux qui se ressemble,
La nuit au jour ressemblerait plutôt !
—Regarde au fond bien plutôt qu'à la forme,
Prêtre et soldat se rapprochent soudain;
D'abord tous deux ils portent l'uniforme...
Ils sont donc faits pour se donner la main !

Le prêtre aussi, comme le militaire,
Sait obéir quand les chefs ont parlé,
Et plus que lui sous une règle austère
Il se résigne à vieillir isolé.
Le soldat meurt, dit-on, pour la patrie;
Mais quand la peste arrive après la faim,
Le vaillant prêtre épargne-t-il sa vie?
Tous deux sont faits pour se donner la main !

Souvent encor le prêtre au bout du monde,
Par dévouement, va chercher un tombeau;

Et de son sang un sol ingrat féconde,
Pour y planter son immortel drapeau.
Le fier soldat affronte la mitraille ;
Mais bien souvent, apôtre et médecin,
Le prêtre accourt sur le champ de bataille.
Tous deux sont faits pour se donner la main !

Le bon soldat peut sourire au bon prêtre,
Et s'estimant, tous deux doivent s'aimer ;
Touchant tableau de les voir se connaître,
Et pour le bien à l'envi s'enflammer !
Quand s'attaquant aux plus saintes barrières,
L'erreur à tous souffle un fiévreux dédain,
Plus que jamais, dans le péril, en frères,
Prêtre et soldat vont se donner la main !

## LES DEUX FRANCE.

Ah! par dédain ou par lâche ignorance,
Tout en fêtant notre étendard nouveau,
N'insultons pas à notre vieille France :
Un souvenir pour son premier drapeau.

   Certes de la récente histoire
   Il faut admirer les héros
   Qui nous consolent par la gloire
   Du règne insensé des bourreaux.
   Honneur à qui pour la patrie
   Courut affronter le danger,
   Trop heureux de donner sa vie
   S'il la sauvait de l'étranger !

   Honneur à vous, guerriers sublimes,
   Sachant le prix du sang humain,
   Dans la victoire magnanimes,
   A tout blessé tendant la main !
   Gloire à vous, illustre pléïade,
   Hoche, Desaix, Kléber, Marceau,

Qu'au début de notre Iliade
Je vois réunis en faisceau !


Gloire à vous tous, qui, chefs austères,
Foulant aux pieds l'argent et l'or,
Sans convoiter titres ni terres,
N'aviez que l'honneur pour trésor !
Respect, d'Auvergne, à ta mémoire,
A toi qui, dédaignant l'éclat,
Exemple inouï dans l'histoire,
Vieux général, mourus soldat !


J'applaudis aussi qu'on l'honore,
Et qu'il rayonne au Panthéon,
Celui-là dont l'écho sonore
Au monde entier redit le nom.
Il eut la soif de la conquête,
Et trop haut monta son orgueil ;
Mais il fut grand dans la défaite,
Il reste grand dans son cercueil.


Il a du plus profond abîme
Tiré la France au désespoir,

Quand le sang coulait par le crime
Comme le vin coule au pressoir.
L'anarchie à sa voix expire
Ou du moins se résigne au frein ;
Que dis-je ? à ses piéds le vampire
Rampe et veut lui lécher la main.

S'il connut à peine une trêve,
Lui qui brisa les échafauds,
S'il s'armait trop souvent du glaive
Comme un moissonneur de sa faux,
Honneur pourtant à sa mémoire !
O France, honneur à l'immortel,
Car, en te ramenant la gloire,
Il te rend le prêtre et l'autel.

Oui, que notre cœur se souvienne
De tout vaillant contemporain,
Et que chacun de nous retienne
Ces noms qu'on grave sur l'airain !
Mais au passé soyons fidèles ;
Avec un cœur humble et pieux,
En contemplant d'autres modèles,
Sachons quels furent nos aïeux.

Remontant jusqu'au premier âge
Qui vit la France à son berceau,
Ne refusons pas notre hommage
A la majesté du tombeau !
Fêtons ces ombres vénérables,
Qui, dans le silence éternel,
Se font de siècles mémorables
Tout un cortége solennel !

Nommons d'abord avec l'église
Ce grand saint, l'exemple des rois,
Qui veille, dans les jours de crise,
Sur la France à défaut des lois !
La République me pardonne,
Et vénère encor saint Louis,
Bien qu'il ait porté la couronne
Et le manteau semé de lis.

Je n'ose éveiller Charlemagne
Avec maint autre paladin.
Salut au lion de la Bretagne,
Salut au vaillant Duguesclin !
A l'écolier qui fait un somme,
Au lieu de vanter tel pillard,

Héros de la Grèce ou de Rome,
Avec orgueil citons Bayard!

Que tout regard ému s'anime
Pour qui, sans crainte et sans remord,
Ayant vécu calme et sublime,
N'a pas tremblé devant la mort!
Respect au brave Lapalice
Qui fut un soldat renommé,
Et que le chant de la nourrice,
Malgré l'histoire, a diffamé!

Mais surtout pour cette héroïne,
Humble bergère à Vaucouleurs,
Que suscita la voix divine,
Je sens mes yeux mouillés de pleurs.
Honte à ce peuple s'il t'oublie,
Vierge illustre que nos aïeux
Virent, ta mission remplie,
Du bûcher t'élancer aux cieux!

Un mot, en passant, pour Xaintrailles!
Qui ne se rappelle Villars?

Condé, la foudre des batailles,
Devant qui tombent les remparts ?
Le sage et valeureux Turenne
Que n'étonnait pas le revers ?
Jean-Bart, le fougueux capitaine,
Dont les yeux lancent des éclairs ?

Fabert, cher à la discipline,
Obtient un regard fraternel,
Et devant d'Assas je m'incline,
Lui que sa mort rend immortel.
Oui, pour toute illustre mémoire,
Montrons un cœur reconnaissant,
O France, et prodiguons la gloire
A qui pour toi donna son sang !

## LE SABRE D'HONNEUR!

Non, mes amis, non, je ne puis plus rire,
Et ma gaîté s'est changée en remord!
Depuis la lettre, hélas! qu'on m'a vu lire,
Indigne fils, je sens bien que j'eus tort.
Le vil mensonge, on en rit dans l'ivresse,
Mais on rougit plus tard d'être un trompeur;
Un si bon père, abuser sa tendresse!...
Ah! ce vin-là me tourne sur le cœur!

Or, écoutez ce que m'écrit mon père :
« Cher fils, ta lettre à tous nous fait bien mal;
Les temps sont durs et grande est la misère,
Et te savoir encore à l'hôpital!...
Enfin, pourtant, j'ai pu trouver la somme;
Mais j'ai vendu mon beau sabre d'honneur;
Ça m'a coûté, vieux soldat, je suis homme....
— Ah! ce vin-là me tourne sur le cœur!

« Ça m'a coûté, dit-il dans sa franchise,
Ça m'a coûté, mais fait plaisir encor,

C'était pour toi ! Puis ta mère et ma Lise
Auraient vendu sans cela leurs croix d'or.
Nous t'aimons bien ; sois toujours aussi sage ;
Pour ta santé nous prions le Seigneur !
Fais comme nous pour avoir du courage. »
— Ah ! ce vin-là me tourne sur le cœur !

La lettre lue, en disant : Pauvre père !
Chacun restait tout triste et tout honteux.
Sans y toucher on regardait son verre,
Muet, le fils, lui, s'essuyait les yeux.
Puis à la poche on fouille, on se cotise ;
Rendons l'argent ! Ce cri s'élève en chœur ;
Plus l'intérêt pour payer la sottise !
Car ce vin-là nous tourne sur le cœur !

# RENCONTRE.

### A M. A. De Ségur.

Voyageurs trop longtemps inconnus l'un à l'autre,
Dans le même sentier nous nous trouvons soudain,
Vous, conteur agréable, et souriant apôtre;
Moi, ma lyre ou plutôt mes pipeaux à la main;

Vous, qui savez si bien par le charme du style
Faire à nos bons soldats applaudir la leçon,
A la plume joignant la parole facile;
Et moi qui redis mal une pauvre chanson;

Oui nous nous rencontrons, grâce à la Providence,
—Car le hasard, Ségur, n'est pas un mot chrétien,—
Heureux de travailler pour le ciel et la France,
Voulant marcher tous deux dans la route du bien!

Si la fatigue un jour nous surprend en voyage,
Si rude, nous semblait jamais le droit chemin,
Vous me direz : Allons! Je répondrai : Courage!
Nous franchirons l'obstacle en nous donnant la main!

## PENSÉES D'UN BRAVE.

### I.

J'ai nom... le caporal ! mon vieux père est potier ;
Un digne homme ! Je suis son unique héritier ;
Seulement il n'a rien !—Mais, disait l'oncle Antoine,
Il est riche en vertus, quel plus beau patrimoine ?

### II.

#### PROFESSION DE FOI.

Soldat, quelle est ta foi ? me dit un curieux.
—La sainte foi du Christ, la foi de nos aïeux !
—Ton drapeau ?—C'est l'honneur !—Et ton parti ?—La France.
Que les ambitieux se fassent concurrence,
Et, prêchant la révolte et l'oubli du devoir,
S'empressent pour monter à l'assaut du pouvoir ;
Que les partis jaloux, qui se tiennent en garde,
Fassent passer la France après une cocarde,
Moi, soldat, avant tout je songe à mon pays ;
Pour lui, prêt à mourir, je veille et j'obéis.

## III.

#### UNE VEILLE.

Les Arabes, dit-on, postés dans le chemin,
Nous ferment le passage! On se battra demain;
Sous les figuiers au loin hennissent les cavales;
Demain nous entendrons siffler ici les balles,
Musique qu'on connaît! J'ai déjà vu le feu,
On fera son devoir avec l'aide de Dieu.
Demain nous dormirons sur un champ de bataille,
Qui sait de quel sommeil? Mais, fatigué, je bâille!..
Soldat, une prière avant de sommeiller,
La bonne conscience est un doux oreiller!


## IV.

#### UN LENDEMAIN.

Ils sont là tous couchés, mes chefs, mes camarades,
Officiers et soldats.—Pour la mort point de grades!
Et j'en vois là plus d'un qui, libre en ses discours,
Causait hier encor de coupables amours;

Qui se moquait alors que je disais : Mon brave,
Il faut se tenir prêt, la mort est chose grave...
Qui riait quand, le soir, je fléchis les genoux;
Seigneur, et maintenant tous ils sont devant vous!...

## V.

### LE PRISONNIER.

Non, chrétien et français, grâce à la Providence,
Je ne renierai point mon Dieu plus que la France !
Voici poindre le jour.... Nul doute sur mon sort !
Le Marabout a dit : Le turban ou la mort!
La mort! Mais le martyr y court comme à la fête !
Croit-il, ce mécréant, que je tienne à ma tête,
Au point, pour la garder, de refuser le ciel?
L'angoisse est d'un instant. le bonheur éternel!

## VI.

### LA MORT.

Quoi! mort en un clin d'œil, comme atteint par la foudre!
Dans le triste linceul on n'a plus qu'à le coudre.
Lui qui n'avait vécu que pour ce jus *divin*,
Il meurt, dans son ivresse, étouffé par le vin.

## VII.

#### L'HOMME ET SON CHIEN.

C'est le raisonnement des coquins et des fous,
Ou des ânes savants. — Ils disent : Après nous,
Bonsoir ! Les morts sont morts ! Et le reste est chimère !
Tout doit être fini quand on est dans la bière.
— Mais, répond le sergent, un fort homme de bien,
Pour moi je crois valoir un peu plus que mon chien !

## VIII.

#### LA PATRIE.

Je suis triste en voyant partout l'indifférence,
Ou de fougueux partis qui divisent la France.
Comment ! pour lui sauver de terribles fléaux,
Ne pas savoir unir les cœurs et les drapeaux !
Et devant sa détresse, hélas ! pour l'amour d'elle,
Ne pas vouloir sceller une paix fraternelle !

## IX.

#### RÉFLEXION.

Les hommes sont bien fous, courte est la vie humaine !
Pourtant, comme on s'agite, intrigue et se démène !

A voir ce pêle-mêle et l'ardeur de nos gens,
Qui pourrait se douter qu'on ne vit pas mille ans!

## X.

### POLITIQUE.

Est-il plus noble but? le salut de la France!
Au dehors maintenir sa fière indépendance,
Immaculé partout l'honneur de son drapeau ;
Au dedans comprimer l'anarchie au berceau,
Monstre toujours vivant, qui d'une ère de crimes
Sous l'État chancelant veut rouvrir les abîmes !
Que l'étranger sur nous poussant ses bataillons,
Comme une mer déborde à travers nos sillons,
Ou que dans nos cités l'ambition déchaîne
L'ardente convoitise, et l'envie et la haine !
Que sanglante, à la voix du nocturne assassin,
La révolte se lève et sonne le tocsin,
Et que la Loi s'offrant, auguste et tutélaire,
Oppose en vain sa digue au torrent populaire ;
Il n'est pas un de nous qui, faible et pâlissant,
Hésite pour la France à donner tout son sang !

## CHANSON DE TABLE.

Bien sûr, conscrits, moi l'ancien du village,
J'aurais plaisir à trinquer avec vous ;
J'aime à fêter baptême et mariage,
Et la vendange où l'on boit du vin doux.
Mais prudemment je vide la bouteille ;
Je vous le dis, quoique chantre et bedeau,
Me défiant de la liqueur vermeille,
Moi, dans mon vin je veux mettre de l'eau !

Du bon Noé qui nous planta la vigne
De temps en temps je sais me souvenir,
Et profiter de son exemple insigne
Sur le qui-vive, afin de me tenir.
J'ai vu souvent, même à des têtes grises,
Un coup de trop déranger le cerveau ;
Le meilleur vin conseille des sottises ;
Moi, dans le mien je veux mettre de l'eau !

Le vin joyeux devient un trouble-fête,
Pris sans mesure un funeste poison ;

Sans sortilége il change l'homme en bête
Au fond du verre en noyant la raison !
Et puis le vin, comme la politique,
Fait qu'entre amis on tire le couteau ;
Aussi, chrétien et d'humeur pacifique,
Moi, dans le mien je veux mettre de l'eau !

Béni le vin, mais maudit soit l'ivrogne,
Le malheureux qui pour le cabaret,
Prompt à chômer, déserte la besogne,
Pour qui sans soif le vin a de l'attrait !
A son logis quand la famille pleure,
Manquant de pain, lui dort sur un tonneau ;
La triste faim ne lui sonne point l'heure !
Ah ! dans mon vin je veux mettre de l'eau !

N'était la peur d'attrister l'auditoire,
Je citerais maint exemple odieux ;
Je pourrais dire une tragique histoire
Dont le récit mouillerait tous les yeux.
La pauvre femme elle est morte à la peine,
Morte à la fin sous les coups du bourreau.
Dieu punira le tigre à face humaine ;
Ah ! dans mon vin je veux mettre de l'eau !

## PRIÈRE POUR LA FRANCE.

Le ciel est sombre ainsi que nos visages,
Et l'horizon se touche avec la main !
Chacun de nous observant les présages,
Avec angoisse attend le lendemain.
Seigneur, au nom d'une sainte victime,
Pose une borne à la fureur des flots ;
Sauve, grand Dieu, la France de l'abîme ;
Ramène au port navire et matelots !

Nous oscillons sur une mer profonde,
Mer inconnue et menaçante à l'œil ;
La main qui tremble en y jetant la sonde,
Sous chaque flot croit sentir un écueil.
Les noirs oiseaux, venus avec l'orage,
Frappent les airs de lugubres sanglots !
Sauve, grand Dieu, la France du naufrage ;
Ramène au port navire et matelots !

La foudre, hélas ! gronde encor sur nos têtes,
Pour qu'elle éclate il suffit d'un moment ;

Et dans l'effroi de nouvelles tempêtes,
Les passagers veillent assidûment.
Dieu tout-puissant, soutiens leur espérance,
Et des méchants déjouant les complots,
Dieu protecteur, sauve la vieille France ;
Ramène au port navire et matelots !

---

Naguère ainsi, tremblant pour notre France,
Le cœur gonflé, j'exhalais mes douleurs ;
En Dieu lui seul était mon espérance :
Dieu nous garda des suprêmes malheurs.
Dans la tempête il surgit un pilote.....
Soudain le calme apparaît sur les flots ;
Plus de mer folle et qui hurle ou sanglotte,
Je vois au port navire et matelots.

FIN.

# TABLE.

Préface.................................... 3
Aux Soldats................................ 5
Le Conscrit................................ 6
L'Exercice................................. 8
La Salle de police......................... 9
Correspondance............................ 10
Le Mal du Pays............................ 12
Récompense................................ 14
La Guérite................................ 15
L'Engagement.............................. 18
Simple Soldat............................. 23
Le Désert................................. 26

| | |
|---|---|
| La Sentinelle | 29 |
| Le bon Soldat | 31 |
| Le Sou par jour | 35 |
| Les Livres | 37 |
| Le Général de là-haut | 39 |
| Le Boulet | 42 |
| La Politique au diable | 44 |
| La Route | 48 |
| La Garnison | 51 |
| La Goutte de poison | 53 |
| Le Pénitencier | 54 |
| Le Monstre | 55 |
| Un Duel | 56 |
| L'Exécution | 59 |
| Le Suicide | 61 |
| La Consigne | 63 |
| Le Devoir avant tout | 66 |
| La Mort du cheval | 68 |
| Un Souvenir de l'Hôtel-Dieu | 69 |
| Le Général et le Conscrit | 73 |
| A la Frontière | 76 |
| La Redoute | 79 |
| Te Deum | 81 |
| Les deux Mourants | 85 |
| La Déroute | 91 |
| Retour au village | 100 |

## ÉPISODES.

| | |
|---|---|
| Au Capitaine ****......................... | 103 |
| Le Pékin................................. | 104 |
| Le Plongeon.............................. | 106 |
| Les deux Croix............................ | 108 |
| Le bon Gendarme......................... | 110 |
| La Croix d'honneur de la Sœur.............. | 112 |
| Poltron................................... | 114 |
| Un hardi Matelot.......................... | 116 |
| L'Invalide................................ | 117 |
| Aux Soldats d'Italie....................... | 118 |
| Prêtre et Soldat........................... | 121 |
| Les deux France........................... | 123 |
| Le Sabre d'honneur........................ | 129 |
| Rencontre................................ | 131 |
| Pensées d'un Brave........................ | 132 |
| Chanson de table.......................... | 137 |
| Prière pour la France...................... | 139 |

IMPRIMERIE BAILLY, DIVRY ET COMP., PL. SORBONNE, 2.

## A LA MÊME LIBRAIRIE

*Du même Auteur :*

**Ma Croisade**, ou les Mœurs contemporaines. — Satires. — 1 vol. gr. in-18 angl. de 300 pages. 3 fr.
**L'Art chrétien** et l'École allemande. in-12. 1 fr.

## A L'OMBRE DU DRAPEAU,
### Episodes de la vie militaire.

**EMPIRE. — ALGÉRIE. — CRIMÉE.**

*Un beau volume in-12.*

Ce nouvel ouvrage de l'auteur du *Soldat* ne sera pas moins goûté, nous l'espérons, que le premier. Il joint à la moralité de sublimes exemples l'intérêt profond des scènes les plus dramatiques. Voici les titres de quelques chapitres.

La Lionne de la Mitidja. — Un Incendie à bord. — Comment on ne gagne pas la croix. — Le Mousse *Gringalet*. — La Balle tachée de sang. — Le Chapelet d'un Polytechnique. — Une Affaire d'honneur. — Onésime Douillet. — Les trois Invalides. — Bivouacs de Crimée, anecdotes et épisodes :

---

**Soirées de l'Ouvrier**, Lectures à une société de secours mutuels; par Hippolyte VIOLEAU, auteur de *Paraboles et Légendes*, de *Pèlerinage de Bretagne*, du *Livre des Mères*, de *la Maison du Cap*, des *premiers et des nouveaux Loisirs*. 2ᵉ édit. 1 vol. in-12. Ouvrage couronné par l'Académie française. 2 fr.
**Guerres** de la **Vendée** et de la **Bretagne** (1790-1832); par Eugène VEUILLOT. 2ᵉ édit., revue avec soin et augmentée. Fort vol. gr. in-18 angl. 3 fr. 50 c.
**Guerre et Paix**, scènes en Norwége, par Mlle BREMER; traduit par M. A. Villeneuve. 1 beau vol. in-12, édition revue avec soin. 2 fr.
**Le Glaive runique**, ou la Lutte du Paganisme scandinave contre le Christianisme; Drame, par C.-A. NICANDER; traduit du suédois, suivi de *Notes hist., myth. et littér.*, par M. LROUZON-LEDUC. 1 beau vol. in-8°. 5 fr.
— Edition à l'usage de la Jeunesse. 1 vol. in-12. 2 fr.

---

Imp. BAILLY, DIVRY et Cᵉ, place Sorbonne, 2.

www.ingramcontent.com/pod-product-compliance
Lightning Source LLC
Chambersburg PA
CBHW060138100426
42744CB00007B/821